타자와
욕망

이 저서는 2007년도 정부(교육과학기술부)의 재원으로 한국연구재단의 지원을 받아 출판되었음.
(NRF-2007-361-AM0059)

타자와 욕망
에마뉘엘 레비나스의 『전체성과 무한』 읽기와 쓰기

초판 1쇄 발행 | 2017년 6월 5일
초판 3쇄 발행 | 2019년 8월 20일

지은이 | 문성원
펴낸이 | 조미현

편집주간 | 김현림
디자인 | 유보람, 방기연

펴낸곳 | (주)현암사
등록 | 1951년 12월 24일 제10-126호
주소 | 04029 서울시 마포구 동교로12안길 35
전화 | 365-5051 · 팩스 | 313-2729
전자우편 | editor@hyeonamsa.com
홈페이지 | www.hyeonamsa.com

부산대학교 인문학연구소 ⓒ 2017
ISBN 978-89-323-1850-9 93160

* 이 도서의 국립중앙도서관 출판시도서목록(CIP)은 서지정보유통지원시스템 홈페이지(http://seoji.nl.go.kr)
  와 국가자료공동목록시스템(http:// www.nl.go.kr/kolisnet)에서 이용하실 수 있습니다.
  (CIP제어번호: CIP 2017011666)

07
우리시대 고전읽기
질 문 총 서

타자와
욕망

에마뉘엘 레비나스의
『전체성과 무한』 읽기와 쓰기

문성원 지음

EMMANUEL LEVINAS

TOTALITÉ
ET
INFINI

ESSAI SUR L'EXTERIORITÉ

PHAENOMENOLOGICA
8
M.N.

MARTINUS NIJHOFF

『전체성과 무한(Totalité et Infini)』
초판 표지(1961)

"

우리가 알고 가진 것이

그 바깥의 무한과 닿아 있음을 깨닫고

'타자성과 외재성에

귀를 기울이는 욕망'이 필요하다.

이것이 진정한 욕망의 혁명이다.

"

차례

여는글 　타자와 욕망

난 음악에 대해 잘 모르고 음감이 둔하지만, 즐겨 음악을 듣는 편이다. 글쎄, 일부러 찾아 듣는 경우는 많지 않으니 '즐겨' 듣는다고 하면 곤란할지도 모르겠다. 그냥, 평소에 클래식 음악 채널을 틀어놓고 있는 쪽이다. 다른 음악도 듣지 않는 건 아니지만, 아무래도 오랜 시간, 그것도 책을 읽거나 강의 준비를 하거나 무언가를 끄적거리면서 '즐기기'에는 클래식이 부담이 없다. 한동안 그렇게 하다 보니, 음치에 가까운 주제에도 제법 약간의 분별감이 생긴 것 같기도 하다. 그래서 한때는 학교 앞에 있는 클래식 음악 카페를 몇 번 찾아가 보기도 했다.

그 카페의 주인장은 음반 가게를 오래 하던 분이었는데, 손수 커피를 내려주고 가끔 음악 얘기나 오디오 얘기를 들려주었다. 그곳에는 커다란 탄노이 웨스터민스터 스피커와 매킨토시 앰프가 설치되어 있었고, 그 옆에 또 다른, 역시 만만찮아 보이는 몇몇 고급스러운 스피커와 앰프들이 자리 잡고 있었다.

"세상에 만능은 없어요."

왜 이렇게 여러 가지 장비를 갖추어놓느냐고 묻자, 주인장은 그렇게 대답했다. 웨스터민스터의 하나뿐인 유닛에서 나오는 울림은 웅장하고 쉽게 싫증이 나지 않는다. 하지만 더 선명하고 명징한 소리가 어울리는 음악이나 여러 대역의 소리가 분리되었다 종합되어야 맛이 나는 음악도 있다. 아무리 좋은 스피커나 앰프도 다양한 장르와 무수한 특성의 음악을 모두 만족스럽게 소화할 수는 없다고 했다. 주인장은 이러저런 스피커와 앰프들의 장점과 단점을 설명해주었는데, 그런 귀중한 정보들은 그 장비들의 가격이 얼마인지를 듣는 순간 뭉개져버렸고, 나는 내 귀가 그다지 예민하지 않은 것을 타고난 복으로 여기기로 했다. 그 음악 카페는 세태에 밀려 학교 앞에서 사라졌다가 최근에 장소를 옮겨 다시 열었는데, 분위기도 예전 같지 않고 이제는 나이가 꽤 든 주인장 대신 아르바이트하는 학생이 자리를 지키고 있는 때가 많다.

그러나 '세상에 만능은 없다'는 주인장의 말은 마음에 남아 있다가 뜻밖의 것들과 공명하며 가끔씩 머리에 떠오른다. 레비나스의 『전체성과 무한』을 다루는 책을 내야 한다는 압박감에 이 궁리 저 궁리를 하고 있을 때도 그랬다. 어떻게 써야 하나, 난해하다고 소문

난 레비나스의 이 대표적 저작을 가능한 대로 쉽고 재미있게 소개하려면 어떻게 해야 할까, 또 '우리 시대 고전 읽기' 시리즈를 기획한 분들이 의도했듯 레비나스의 저작을 지금의 상황에 맞게 수용하려면 어떻게 해야 할까, 아니 그것보다 마감 시간이 얼마 남지 않은 이 글을 어떤 방식으로 꾸려야 할까, 등등의 생각으로 자못 답답하고 심란해질 무렵, '세상에 만능은 없다'는 말이 느닷없는 종소리처럼 머릿속에서 댕그랑거렸다. 그 말이 내 처지와 아울러 이 책의 의도와 특성을 설명할 수 있는 궁색한 출발점이 될 수 있지 않을까 싶었다는 것이다.

내가 레비나스에 관심을 가지게 된 것은 1990년대 중반 이후부터다. 그 전에는 사실 레비나스라는 철학자의 이름조차 알지 못했다. 유신시대의 끝자락에 대학에 들어가서 1980년대에 대학과 대학원을 다녔는데, 워낙 사회성이 부족한 성격이었긴 해도 당시의 억압적인 사회 분위기에 무관심하기는 어려웠다. 그래서였는지 그 무렵의 상당수 학생들처럼 나도 헤겔과 마르크스에 빠져들었다. 정확히는 마르크스와 헤겔이라고 하는 것이 맞을 텐데, 헤겔에 대한 그때의 관심은 대부분 마르크스에 대한 이해를 깊게 하려는 의도의 연장이었기 때문이다. 물론 그 마르크스에 대한 관심도 당시의 어려운 정치·경제적 상황을 극복해보려는 '시대정신'에 결부되어 있었다. 1980년대의 한국 현실은 내가 처음 철학을 공부하려고 마음먹으면서 짐짓 가지고 있었던 관념적 허세를 그대로 두지 않았다.

이런 분위기는 당연히, 철학을 바라보는 눈에도 영향을 미쳤다.

마르크스와 헤겔을 공부하던 당시의 학생들은 대학에서 가르치던 분석철학이나 현상학 따위에는 큰 관심이 없었다. 나도 주어진 커리큘럼에서 피하기 어려운 정도만 학점을 따기 위해 수강했을 뿐이지, 적극적 의지를 가지고 그런 분야를 공부한 기억이 없다. 그건 대학원 과정에서도 마찬가지였다.

"그런데, 사실 레비나스는 본래 현상학자거든……."

1990년대 말부터 내가 레비나스를 언급하는 몇몇 논문들을 써내고 레비나스를 연구한다고 공언하고 다니자, 현상학 전공자로 꽤 이름이 알려진 한 선배가 어느 자리에선가 약간 걱정스러운 듯 이렇게 말끝을 흐렸다. 아닌 게 아니라, 레비나스는 후설에 대한 연구로 박사학위를 받았고, 후설과 하이데거가 프랑스에 잘 알려지지 않았을 때 이들을 소개한 인물이다. 그런데 나는 후설과 하이데거를 전문적으로 연구한 적도 없이, 레비나스를 읽고 레비나스를 강의하며 그의 책을 번역하기도 한다. 이게 가능한가?

물론, 가능한 일이다. 레비나스를 읽다가 자신이 가진 지식으로 이해하기 어려운 대목이 나오면 열심히 찾아보고 알아보면 된다. 다른 전문가들의 글을 찾아 읽거나 물어보면 될 일이다. 그러라고 전문가들이 있는 것 아닌가.

『전체성과 무한』은 읽기 어려운 책이다. 후설뿐 아니라 하이데거를 염두에 둔 대목이 많아서 특히 하이데거에 대한 얼마간의 선이해가 있어야 읽기 편하다. 그러나 그런 이해가 부족하다고 못 읽을 건 아니다. 읽으면서 공부하면 된다. 그리고 다시 읽으면 더 좋다. 고전이라는 건 한 번 읽고 마는 정도의 책이 아니지 않은가.

"문 선생, 현상학회에서 레비나스 한번 발표하지."

"글쎄요, 제가 후설을 잘 몰라서요…….'

"뭐, 그거야…… 공부하면 되잖아."

몇 년쯤 지나서 다시 그 선배와 나눈 대화의 한 토막이다. 아직 현상학회에서 발표를 하진 못했는데, 앞으로 기회가 닿을지 모르겠다. 내가 발표를 한다면, 그건 이제껏 그랬던 것처럼 사회철학적 시각에서의 발표가 될 공산이 크다. 그런 발표는 현상학 전공자들에게는 익숙지 못한 소리를 내는 스피커처럼 들릴 수도 있을 것이다. 하지만 익숙지 못한 것이라고 해서 꼭 나쁜 것은 아니지 않겠는가.

한편, 사회철학을 하는 사람들도 내가 레비나스를 연구한다고 하면 고개를 갸웃하는 경우가 더러 있다.

"박사 논문을 알튀세르로 쓰셨잖아요. 그런데 어떻게……?"

"아, 그게…… 데리다의 책을 보다가 레비나스에 관심을 갖게 되었어요. 특히 '보편성'과 '환대' 문제를 살펴보다가요."

"예, 그렇군요. 그렇다니까 이해가 가네요. 알튀세르에서 레비나스라면 좀 이상한데, 중간에 데리다가 있다면야…….'

자크 데리다는 알튀세르와 가깝다. 같은 알제리 출신인 데다가 파리 고등사범학교 후배이고 알튀세르에게서 배웠다. 게다가 다른 철학자를 평하는 데 인색한 알튀세르로부터 '거장'이라는 소리를 들었을 정도로 인정을 받은 편이다. 그리고 현상학에 큰 관심이 없었던 알튀세르와는 달리, 후설과 하이데거에서부터 그의 철학적 연구

이력을 시작했다. 그런가 하면, 레비나스의 『전체성과 무한』이 출판되었을 때, 그 책에 대한 본격적이고 유의미한 논문을 쓴 최초의 인물이 바로 데리다였다. 「폭력과 형이상학」(1964)이라는 이 글은 아직까지도 레비나스 연구에서 중요한 문헌으로 꼽힌다. 그도 그럴 것이, 레비나스의 이후 작업들은 그 논문에서 제시된 데리다의 비판을 크게 의식하고 있는 것으로 보이기 때문이다.[1] 데리다는 레비나스가 1995년에 사망했을 때, 장례식에서 조사弔辭를 읽기도 했다.[2]

　하지만 내가 데리다를 통해 레비나스에 주목하기 시작했을 때는 이런 세세한 사실들을 잘 몰랐고, 또 알았다 해도 크게 신경 쓰지 않았을 것이다. 그 무렵 나의 주요한 관심사는 '자유주의 비판'이었다. 1989년부터 동구의 사회주의권 붕괴가 시작되고 급기야 소련이 무너지자, 마르크스주의에 기대고 있던 이들이 받은 충격은 컸다. 현실 사회주의의 실패를 마르크스주의 자체와 구별하고 변혁의 다른 모델을 찾아보려는 시도들이 있었지만(알튀세르에 대한 뒤늦은 관심도 그 일환이었다), 크게 보아 그건 결국 마르크스주의의 한계를 받아들이게 되는 과정의 일부였다. 150년의 역사 속에서 제자리를 찾지 못한 이념이라면, 어떻게 거기에 적용의 잘못만 있었겠는가. 더욱이 현실과 이념의 분리야말로 마르크스주의가 극복하고자 했던 사상의 면모가 아닌가. 하지만 이렇게 마르크스주의의 한계를 인정한다고 해서 자본주의 사회의 문제점이 사라지는 것은 아니다. 더구나 당시에는 사회주의권에 대한 승리에 취해서

1　이 책 79쪽~85쪽에 실린, 레비나스가 데리다에게 보낸 편지(1964년 10월 22일자와 1965년 2월 1일자) 참조.
2　자크 데리다, 『아듀 레비나스』, 문성원 옮김, 문학과지성사, 2016, 11~37쪽 참조.

타자와 욕망

신자유주의적 자본주의가 더욱 기승을 부리고 있었다. 마르크스주의에 대한 반성과 아울러 시급하게 여겨졌던 것은 신자유주의의 전횡을 비판할 수 있는 시각이고 논리였다.

이럴 때 눈에 들어온 것이 레비나스의 철학이었다. 레비나스는 자유주의에서처럼 개인의 자유를 근본적인 전제로 여기지 않는다. 오히려 그런 자유에서 출발하는 폭력과 횡포를 문제 삼는다. 레비나스에 따르면,[3] 정의는 자유보다 우선하며 그 정의는 타자에 응답하고 책임을 지며 타자를 환대하는 데서 성립한다. 내가 보기에, 이것은 개인의 소유권을 불가침의 것으로 여기고 힘없는 자들에 대해 온갖 침탈을 일삼는 '신자유주의적 세계화'에 대한 근본적인 비판으로 보였다. 그래서 나는 레비나스를 본격적으로 읽기 시작했다.

그런데 이 일이 간단치가 않았다. 레비나스의 주저라고 해서 집어 든 『전체성과 무한』은 꽤나 어려웠고, 우리말 번역본도 없었다. 그래도 시간이 날 때마다 꾸역꾸역 읽었는데, 이 대학 저 대학에 강의를 다니느라 두어 시간씩 전철을 타고 가면서 읽다가 꾸벅꾸벅 졸기도 했던 기억이 새롭다. 그런 독서에서 체계적이고 제대로 된 이해를 얻긴 힘들었다. 하지만 그와 같은 시도가 헛된 것은 아니었다.

처음 『전체성과 무한』을 손에 들었을 때, 애써 읽어도 무슨 말인지 잘 모르겠는 대목이 숱하게 많았다. 책을 한번 훑어보고 나서도 마음에 드는 몇몇 구절들과 막연한 인상만이 머리에 남았을 정도였다. 그때 나는 강의 경력만 해도 얼추 10년 가까이 되었고 이미 박사학위를 받은 처지였다.

3 정확히 말해, 『전체성과 무한』의 레비나스에 따르면.

그렇지만 크게 당황하지 않았다. 이것저것 철학 공부를 해본 사람들은 대개 비슷한 경험을 했겠지만, 으레 그러려니 했던 것이다. 어디 레비나스뿐이겠는가. 석사 과정에서 헤겔의 『정신현상학』을 읽었을 때도 처음에는 무슨 소리인지 도통 감을 잡지 못했다. 반년 가까이 지나서야 어렴풋이 이해하기 시작했던 것 같다. 그것보다는 쉬웠지만 박사 논문을 준비하기 전에 알튀세르의 글들을 읽었을 때도 비슷했다. 여러 편을 거듭 읽고 나서야 왜 그처럼 언뜻 보아서는 납득하기 어려운 주장들이 나오게 되는지를 이해할 수 있었다. 다소간의 차이가 있지만, 이런 점은 데리다나 들뢰즈 같은 철학자의 책을 대했을 때도 마찬가지였다.

물론 모든 철학책이 다 이해하기 어려운 것은 아니며, 또 그렇게 어려운 책이라야 훌륭한 책인 것도 아니다. 난해함 자체가 가치일 수는 없다. 하지만 철학책이 어려워지기 '쉬운' 까닭은 있다. 기존의 상식적이고 일상적인 견지에서는 잘 해결되지 않는 문제를 풀어나가려다 보니 그렇게 되는 것이다. 쉽게 이해할 수 있는 일이라면 굳이 애써 궁리할 필요도 없을 것이고, 아예 철학적 문제로 성립하지도 않을 것이 아니겠는가. 우리가 특정한 철학적 사유에 이끌리는 것은 그 사유가 우리가 봉착해 있는 문제들에 답을 줄 수 있으리라는 기대 때문이다. 그런 기대가 난해함을 극복하는 데 드는 수고마저 무릅쓰게 하는 것이다.

어떻든 그 후로 레비나스의 『전체성과 무한』을 여러 번 읽었다. 강의하면서 학생들과 같이 읽은 것만 두 번이고, 번역을 하고 교열을

타자와 욕망

보면서 거꾸 훑어보았다. 같은 곡을 여러 번 듣다 보면 저도 모르게 그 곡이 귀에 익는 것처럼, 이제 그 책의 생각들이 익숙해졌을 만도 하다. 하긴, 읽을 때마다 이전에 잘못 파악하지 않았나 싶은 곳들이 심심찮게 발견되곤 하니, 아직 충분치는 않을 것이다. 그러나 내게 『전체성과 무한』은 더 이상 그렇게 난해한 책이 아니다. 레비나스의 생각을 이해하고 소화하기에 큰 무리는 없으리라고 보아도 될 법하다. 웨스터민스터 스피커처럼 웅장하면서도 부드러운 소리로 레비나스의 철학을 전달할 수는 없을지 모르나, 크게 찌그러지거나 막힌 소리를 낼 것 같지는 않다. 사회철학적 대역의 주파수가 강조된 채로 일정 수준 이상의 선명함을 보여줄 수 있지 않을까 기대해본다.

그러나 이런 종류의 변죽 울리는 다시 쓰기가 『전체성과 무한』이라는 저작 자체를 대신할 수 없다는 것은 잘 안다. 그것은 오페라의 몇몇 아리아를 변주하고 편집해놓은 음반이 오페라 자체를 대신할 수 없는 것과 마찬가지다. 유명한 아리아의 곡조를 통해 한 오페라가 가까이 다가오게 할 수는 있겠지만, 그걸 듣는다고 해서 오페라 전체가 주는 감흥을 온전히 맛볼 수는 없다. 앞으로 소개할 단편적 구절들, 몇몇 동기動機와 그 변주들이 『전체성과 무한』에 접근하는 데 도움을 줄 수는 있겠지만, 여러 겹의 만만찮은 깊이와 무게를 지닌 이 저작을 직접 탐사하여 얻는 성과를 그것으로 대신할 수는 없다. 고전에 대한 '읽기와 쓰기'는 그 고전을 더욱 깊고 풍부하게 들을 수 있게 도와주는 통로, 저마다의 울림을 갖는, 그러나 '만능이 아닌' 통로일 것이다.

1장　전체성 너머의 윤리 -
에마뉘엘 레비나스와 그의 철학

레비나스의 풍모

나는 레비나스를 소개할 때 쓰려고 파워포인트 파일을 만들어 가지고 있다. 지금까지 두어 번 써봤는데, 반응은 나쁘지 않았다. 파워포인트는 깊이 있는 논의에는 적합하지 않지만, 간단히 개관하는 데는 괜찮은 도구다. 시각적 이미지는 전달이 쉽고 빠르다. 적절한 영상 이미지에다 그것과 어울리는 설명을 덧붙이면 좋은 효과를 얻을 수 있다. 이 자리에서 그런 방식을 적극 활용하기 어려운 것은 유감이다. 그래도 예를 하나 들어보자.

　내가 다음 사진과 함께 곁들이곤 하는 것은 레비나스를 직접 만난 사람들의 이야기다. 나 자신은 레비나스를 직접 대하지 못했다. 1996년에 유럽에 잠시 공부하러 간 적이 있는데, 그때 데리다나 발

리바르, 하버마스 같은 유명한 철학자들의 강의나 강연을 잠깐씩이나마 들어보았다. 안타깝게도 레비나스는 당시에 이미 이 세상 사람이 아니었다. 하지만 당시의 분위기 속에서 그의 존재감을 느낄 수 있었다. 학회나 강연에서 레비나스가 언급되는 경우가 많았고, 책방에도 레비나스 관련 서적이 많이 나와 있었다.

나중에 선배 가운데 한 사람이 레비나스를 만났던 이야기를 들려주었다. 1990년대 초 스위스의 프리부르Fribourg 대학에서 공부할 때, 레비나스와 마주 앉아 함께 차를 마신 적이 있다고 했다. 프리부르는 독일어와 프랑스어를 함께 쓰는 곳으로, 작지만 아름다운 중세 도시다.

"그러니까, 레비나스와 직접 얘기를 나눴단 말이죠?"

타자와 욕망

"같이 앉아 차를 마시긴 했는데, 솔직히 말하면 난 그때 레비나스가 누군지도 몰랐어."

"에이, 그런데 어떻게 같이 차를 마셔요?"

"거기서 알던 한국인 수녀님을 만나러 갔는데, 마침 그때 그분이 레비나스와 함께 있었던 거지. 나한테 이 사람이 레비나스라는 '유명한' 철학자라고 알려주더라고. 그곳에 강의를 하러 왔다던데, 내가 보기엔 그냥 작고 평범한 할아버지 선생님이었어. 낡은 가죽 가방을 가지고 있었고, 맘씨 좋은 웃음을 지었던 것이 기억나."

레비나스는 그때 이미 80대 중반이었을 테고, 아마 앞의 사진과 같은 모습이 아니었을까 싶다. 레비나스가 자그마한 사람이었다는 것은 레비나스를 직접 만난 이들의 공통된 얘기다. 일찍이 1970년대 말에 벨기에의 뤼벵 대학에서 레비나스의 강연을 들었다는 한 선생님은, 많은 청중들 틈에서 바라본 레비나스는 연단에 파묻혀 잘 보이지 않을 정도로 작았고 목소리는 가늘었다고 했다. 한편, 젊었을 때의 레비나스의 사진에서는 엄격하고 딱딱한 인상도 풍긴다. 여러 평전에 의하면, 레비나스가 학회 같은 공식석상에서 보인 모습은 온화하기보다는 날카로운 편이었다고 한다. 어쩌면, 그의 철학이 성숙해가듯 성품도 세월과 함께 부드러워진 것이 아닌가 싶다. 앞으로 살펴보겠지만, 레비나스의 철학에는 사변적인 엄격함과 윤리적 관대함의 정신이 함께 들어 있다.

파워포인트 파일 외에 내가 레비나스를 간단히 소개할 때 쓰는 자료가 하나 더 있다. 다음과 같은 비교적 '짧은'(!) 글이다. 대개 복사해서 나눠준다. 원래는 어느 출판사가 현대 철학사의 교재로 쓸 책의 한 꼭지라고 청탁을 해 와서 쓴 글인데, 원고를 넘긴 지 몇 해가 지났는데도 어찌 된 일인지 책이 나온다는 얘기가 없다. 아마 다른 원고들이 들어오지 않은 모양이다. 그래서 그냥 그러려니 하고 기회 있을 때마다 활용하고 있다. 원고료를 받은 기억도 없으니까, 여기에 옮겨놓는다고 문제가 되진 않을 것이다.『전체성과 무한』을 본격적으로 다루기 전에 예비로 보아두면 괜찮지 않을까 한다. 약간 딱딱할지 모르지만, '그냥 그러려니 하고' 읽어보자.

생애와 저작

에마뉘엘 레비나스는 1906년 1월 12일 러시아 지배하의 리투아니아 지방에서 책방을 운영하던 유대인 예힐 레비나스의 장남으로 태어났다. 아래로 남동생이 둘 있었는데, 2차 세계대전 때 모두 나치에 의해 살해되었다. 레비나스는 나중에 "나의 삶의 대한 기록은 나치 공포에 대한 예감과 그에 대한 기억이 지배한다."라고 술회한다.[4] 그는 어려서부터 히브리어 성경 교육을 받았으며, 톨스토이, 도스토옙스키, 푸슈킨 등의 러시아 문학작품과 셰익스피어 같은 서유럽 고전들을 즐겨 읽었다. 1915년경에 가족과 함께 우크라이나로 이주하였다가, 1923년 가족을 떠나 독일에 인접한 프랑스의 스트라스부르 대학에서 철학 공부를 시작한다.

[4] 강영안, 『타인의 얼굴-레비나스의 철학』, 문학과지성사, 2005, 23쪽.

그곳에서 레비나스는 베르그송 철학을 비롯한 프랑스 철학뿐 아니라 후설의 현상학을 배운다. 1926년에는 대학에서 모리스 블랑쇼와 만나는데, 그와 블랑쇼는 이후 평생에 걸친 우정을 통해 영향을 주고받는다. 1928년에는 독일 프라이부르크 대학으로 가서 후설과 하이데거의 강의를 직접 듣는다. 레비나스는 하이데거의 『존재와 시간』으로부터 큰 감명을 받았으며, 1929년에는 다보스 학술회의에서 벌어진 하이데거와 카시러의 유명한 토론을 목도하기도 했다. 레비나스에게 하이데거는 막대한 영향을 끼친 철학자이자 넘어서야 할 상대로 자리 잡는다.

1930년 스트라스부르 대학에서 「후설 현상학에서의 직관 이론」이라는 논문으로 박사학위를 받고 같은 이름의 책을 출판한다. 이 해에 레비나스는 프랑스에 귀화한다. 1931년에는 후설의 『데카르트적 성찰』을 스트라스부르의 동료와 함께 번역하여 출간한다. 이후 소르본 대학 등지에서 공부를 계속하면서 1934년에는 나치즘의 전체주의적 경향을 비판하는 「히틀러주의에 대한 몇 가지 고찰」이라는 글을 발표했고, 1935년에는 나름의 독창적 사유의 단초를 담은 『탈출에 관하여』를 펴냈다.

1939년 프랑스 군인으로 2차 세계대전에 참전하지만 곧 포로가 되어 전쟁이 끝날 때까지 포로수용소에서 지낸다. 그는 포로였던 덕택에 리투아니아에 있던 가족과 달리 죽음을 면했다. 1946년부터 그는 유대인 교사 양성을 위해 설립된 동방 이스라엘 사범학교 교장으로 일하기 시작한다. 1947년에는 수용소에서 쓴 『존재에서 존재자로』와, 장 발Jean Wahl이 운영하던 '철학학교'에서 한 강의를 엮은『시간과 타자』를 출간했다. 1948년에는 예술에 대한 비판적 견해를 담은「실재와 실재의 그림자」를 발표했고, 이듬해 후설과 하이데거 철학을 소개하는 논문들을 실은『후설과 하이데거와 함께 존재를 찾아서』를 발표한다.

1961년 그의 첫 번째 주저라 할 수 있는『전체성과 무한』이 출판된다. 원래 이 원고는 프랑스의 갈리마르 출판사로부터 출판을 거부당해 하마터면 파기될 뻔했으나, 장 발의 권유로 국가 박사학위의 주 논문으로 제출되었고,[5] 네덜란드의 한 출판사를 통해 세상에 나왔다. 이 책을 통해 레비나스는 철학자로서 명성을 얻기 시작한다. 1963년부터 푸아티에 대학에서 철학을 가르치기 시작했고, 1965년 그 대학의 전임교수가 되었으며, 1967년 낭테르 대학 교수를 거쳐 1973년에는 소르본 대학의 교수가 된다.

1974년 두 번째 주저라 할 수 있는『존재와 달리 또는 존재성을 넘어』를 내놓는다. 그는 1976년에 퇴임하는데, 소르본 대학에서 행한 마지막 학기 강의들이『신, 죽음, 그리고 시간』이라는 책으로 묶여 1993년에 출판된다. 그 밖에 레비나스의 주요한 저서들로는『어려운 자유』(1963),『다른 사람의 휴머니즘』(1972),『윤리와 무한』(1982),『관념으로 오는 신에 대하여』(1982),『주체 바깥』(1987),『우리 사이』(1991),『타자성과 초월』(1995) 등이 있다. 레비나스는 1995년 12월 25일 파리에서 눈을 감는다.

[5] Scott Davidson and Diane Perpich, "On a Book in Midlife Crisis", ed. by Scott Davidson and Diane Perpich, *Totality and Infinity at 50*, Duquesne University Press, 2012, 1쪽.

존재론과 윤리

위의 간략한 정리를 통해서도 알 수 있다시피, 레비나스는 20세기를 거의 포괄하는 삶을 살면서 2차 세계대전과 나치즘의 폐해를 직접 겪었다. 그는 히브리 전통을 가진 유대인으로서 러시아에서 자랐고, 독일의 현상학으로부터 많은 영향을 받았으며, 주로 프랑스에서 활동했다. 레비나스의 철학은 이 같은 삶의 폭과 체험을 반영하듯 20세기 서구 문명에 대한 비판적 문제의식을 담고 있다. 무엇보다 전체주의와 전체론을 반대하고 극복하려는 동기가 그의 철학에 깔려 있다.

물론 전체론 비판은 레비나스의 전유물이 아니다. 그것은 현대 철학의 주요한 한 흐름이다. 레비나스에게 큰 영향을 준 철학자이면서 그의 주된 비판 대상이 된 후설과 하이데거가 그런 흐름의 중요한 줄기라고 할 수 있다. 또 사유를 고정된 것에 대한 집착으로부터 해방시켰다고 레비나스가 높이 평가한 베르그송6 역시 이 같은 흐름에 큰 기여를 했다. 그보다 앞서 니체의 이성 비판은 이런 현대적 흐름의 물꼬를 텄다고 할 만하다. 그러나 레비나스는 이전까지의 모든 존재론을 물리치고 존재론 아닌 윤리를 제1철학으로 내세운다는 점에서 이 흐름 가운데 독특한 자리를 차지한다.

서구의 근대적 이성은 세계를 통일적 원리로 파악해내고 이를 통해 환경에 대한 지배력을 넓히는 데 큰 위력을 발휘했다. 하지만 그와 같은 '이성의 빛'은

6 예컨대, 『전체성과 무한』의 「독일어판 서문」 첫머리를 보라.

인간과 사회를 포함한 세계의 모든 영역을 계산 가능하고 조작 가능한 것으로 간주하게 만들었고, 그 결과는 식민지 지배와 이익 추구 경쟁을 통한 제국주의 세계대전으로 이어졌다. 이성과 계몽에 대한 비판적 문제의식이 호소력을 가질 수 있는 중요한 이유가 여기에 있다. 그런데 한 가지 아이러니컬한 사실은, 니체나 하이데거의 철학처럼 한편에서 계산적 이성의 한계를 지적하고자 했던 철학들도 히틀러의 파시즘에서 보듯 전체주의에 이용당하는 일에서 자유롭지 못했다는 점이다. 레비나스는 그 까닭이 그러한 철학들도 여전히 존재론을 앞세웠던 데 있다고 여긴다.

존재론은 세계의 근본적인 됨됨이를 통일적 원리로 파악해내려는 시도다. 그럼으로써 암묵적으로 노리는 바는 그러한 원리를 통해 세계를 장악해보겠다는 것이다. 그렇기 때문에 존재론을 앞세우는 철학은 지배를 지향하는 자기중심적 특성을 벗어날 수 없다는 것이 레비나스의 생각이다. 존재론이 어떤 형태를 취하든, 이를테면 니체처럼 고정된 상태를 깨뜨리는 '힘을 향한 의지'를 내세우든, 하이데거처럼 존재자들의 규정에 앞서 차이를 가능케 하는 '존재'를 내세우든, 결국 동일성의 철학이 되고 마는 까닭이 여기에 있다. 그러한 파악 뒤에 도사리고 있는 것은 동일성의 확장과 지배이며, 다양한 개념들과 사유 방식들은 거기에 봉사한다.

자크 데리다 같은 철학자가 대변하는 이른바 해체론적 발상은 이러한 문제점에 대한 나름의 대안을 제시하는 것이라 볼 수 있다. 무릇 개념과 체계가 지배의 확장과 전체화를 획책하는 특성을 가지고 있는 것이라면, 어떤 개념이나 체계든 자체 안에 허점과 모순을 안고 있음을 드러내어 '해체'해버림으로써 그러한 지배의 시도를 막을 수 있지 않겠는가. 그러나 우리가 이성의 사용을 포기할 수 없는 이상, 개념과 체계를 완전히 제거하는 것은 불가능할 것이다. 그렇기에 해체론에 따를 때 우리에게 남겨진 방도는 해체와 재구축의 끝없는 되풀이일 수밖에 없다. 우리는 이렇게 소극적이고 상대주의적인 귀결에 만족할 수 있을까?

전체론에 대한 회의와 해체론적 발상을 더욱 부추긴 것은 마르크스주의에 따른 현실 사회주의 기획의 실패였다고 할 수 있다. 계획경제의 실시나 목적을 내세운 사회 통제가 변화와 발전을 가로막을 수 있다는 점을 경험하고 나자, 모든 사상 체계를 불신하고 경계하는 풍조가 생겨났다. 억압과 조작, 통제의 사회제도를 뒷받침하는 기존 사고방식들의 문제점을 들춰내고 해체하려 하면서, 새로운 가치관이나 목표에 대해서는 자칫 또 다른 지배의 틀이 될 수 있지 않을까 의심한다. 그러나 이렇게 해체 지향적인 분위기는 우리에게 적극적인 삶의 방향과 의미를 제시해주기 어렵다.

여기에 비해 레비나스 철학이 지니는 강점은 우리가 반드시 지켜야 할 원칙과 새로운 변화를 추구할 수 있는 방향을 일깨운다는 데에 있다. 레비나스가 말하는 윤리는 해체 이전의 것이다. 그에 따르면 윤리는 존재론에 앞서기 때문이다. 윤리란 타자와의 관계에서 성립하는 것인데, 타자와의 관계는 모든 이해理解나 해석에 우선한다. 우리의 삶은 어떤 인식에서 출발하는 것이 아니라 타자와 관계하는 데서 비롯한다. 주체 자체가 타자에 의해 형성되고 성립된다는 것이 레비나스의 생각이다. 타자와의 관계 이전에 어떤 주체를 설정하고 그 주체에 의해 의미 세계가 구성된다는 식으로 보는 것은 레비나스의 견지와 큰 거리가 있다. 레비나스에게서 무게의 중심은 동일자로서의 주체가 아니라 타자에게 놓인다.

우리의 삶은 타자와의 만남에서 시작된다. 그 만남이 우리를 주체로 분리시키고 자리 잡게 한다. 내 삶에서조차 내가 먼저일 수 없는 것이다. 나의 삶은 타자의 호소나 명령에 응답함으로써 비로소 가능해진다. 모름지기 삶이란 어떤 반응과 더불어 성립하지 않는가. 인식이 먼저가 아니라 반응이 먼저다. 또 그 반응은 내가 아닌 타자와의 관계를 전제하기에, 타자를 받아들이는 감성이 계산하고 판단하는 이성에 우선한다. 인식에 따른 규정은 응답을 통해 성립하는 분리된 존재가 자신의 활동을 효과적으로 일반화하기 위해 생겨나는 것이다. 세계에 대한 전체적 파악으로서의 존재론은 이런 인식을 체계화한 것이니만큼, 타자와 맺는 근본적 관계인 윤리에 앞설 수 없다.

물론 레비나스가 말하는 윤리는 단순히 생물학적 반응과 같은 것이 아니다. 생물학적 반응이라고 판단하고 규정하는 것도 인식의 일환이고 존재론의 일부다. 우리의 삶에서 윤리는 그런 판단이나 규정 이전에 이미 타자에 대한 응답과 함께 성립한다. 우리는 타자에 응답해야 한다. 그 응답해야 함이 우리의

7 책임에 해당하는 서양어들은 이러한 면을 그 언어적인 차원에서부터 잘 드러내준다. 영어의 responsibility나 프랑스어의 résponsibilité, 또 독일어의 Verantwortung은 모두 응답을 뜻하는 response나 réponse, 또는 Antwort에서 파생한 것이다. 즉 '책임'이라는 말은 어떤 부름이나 호소에 대한 응답이라는 뜻을 지니는 셈이다.

책임을 이룬다.[7] 대표적으로 우리는 '죽이지 말라'는 타자의 호소에 대해 책임을 져야 한다. 연약하고 헐벗은 타자의 얼굴이 우리에게 호소한다. 여기서 우선적이고 중요한 것은 어떤 존재론적 규정이 아니다. 타자의 호소는 그러한 규정들 이전에, 그러한 규정들 너머에서 우리에게 윤리적 명령으로 다가온다. '죽이지 말라.' 이 호소와 이에 대한 책임으로서의 윤리는 존재론이나 존재론에 대한 해체 작업보다 훨씬 근본적인 것이다.

타자의 무한성과 얼굴

레비나스에 따르면 타자는 또 하나의 나와 같은 것일 수 없다. 타자는 '다른' 자이지 '같은' 자가 아니다. 같은 자인 동일자가 이러저러하게 한정된 자라면, 다른 자인 타자는 그렇게 한정되지 않은 자다. 타자는 내게 익숙한 틀과 파악 방식을 벗어나 있으며, 그래서 낯설다. 타자는 나와 공통되거나 내가 아는 규정들로 포착되지 않으며, 그런 규정들에 따르지도 않는다. 그러므로 나는 타자를 내 뜻대로 할 수 없다. 달리 말해, 나는 타자와의 만남 속에서 자유롭지 않다.

자유는 근대 이후 한동안 의심받지 않는 중심 가치였다. 자유의 확장이 곧 역사의 진보로 여겨졌다. 그러나 따지고 보면 자유는 동일자적 질서 속에서나 가능한 사안이다. 내 뜻대로 되는 것, 내 뜻이 관철되는 것이 자유의 기초적 의미라 할 때, 자유는 내 뜻을 거스르는 장애가 없어야 실현될 수 있다. 세상에는 나 혼자만 존재하는 것이 아니므로 조건 없는 자유란 불가능하다. 자유의 실현을 위해서는 다른 사람과 환경에 뜻을 맞추는 일이 필요해지는데, 이것은 결국 내게 익숙하거나 내가 받아들이고 있는 동일자적 질서를 확장하는 것이 된다.

근대적 자유는 크게 보아 두 가지 형태로 전개되었다. 하나는 자연을 계량적計量的으로 이해하고 지배하는 일이었고, 다른 하나는 자유로운 개인에서 출발하여 사회를 이 개인들의 연합으로 이해하고 운영하는 일이었다. 전자는 자연 지배와 관련된 사안이었으며, 후자는 사회 지배와 관련된 사안이었다고 할 수 있다. 사회는 계약을 통한 자기의 확장으로 이해되므로 사회 지배는 곧 자기 지배이기도 했다. 그런데 이때의 자기는 무엇보다 계약의 권리를 가진 상품 소유자로서의 자기였기에, 이 자기 지배는 실질적으로는 상품 생산 질서의 지배로 귀결되고 만다. 근대의 사회적 자유가 이윤 추구 중심의 계량적 지배로, 인간에 대한 자본의 지배로 전락하게 된 것이다. 이렇게 하여 근대의 자유는 결국 자연과 사회 두 영역 모두에서 계량적 지배가 낳은 문제를 드러낸다. 환경 파괴와 인간 소외가 그것이다.

이러한 문제들은 근대적 자유에 대한 반성을 촉구한다. 나로부터, 동일자의 질서로부터 출발하는 자유가 진정 근본적인 가치인가? 그러한 자유보다 더 중요한 가치가 있지 않은가? 타자와의 관계, 곧 타자에 대한 책임이 자유에 우선한다고 보는 레비나스의 주장은 여기서 힘을 얻는다. 내가, 나의 자유가 먼저가 아니라, 내 마음대로 할 수 없는 타자와 맺는 관계가 먼저다. 동일자의 질서 내부가 아니라 그것을 벗어나고 넘어서는 타자의 영역, 곧 외재성과 초월성이 우선이다. 타자보다 동일자를 앞세우고 동일자의 틀을 타자에게 덮어씌워 타자를 지배하려는 시도는 궁극적으로 성취 불가능한 일이며 잘못된 일이다. 동일자를 넘어서는 타자를 동일자가 어떻게 지배할 수 있겠는가?

레비나스에 의하면 타자는 무한하다. 타자는 한정을 벗어나 있고 한정되지 않는 자인데, 이렇게 한정되지 않는다는 것은 한정이 없다는 것, 곧 무한하다는 것을 뜻한다. 무한한 자인 타자는 유한한 동일자인 나를 넘어서 있다. 그렇기에 타자는 동일자에 비해 높다. 무한하게, 한없이 높다. 따라서 타자와 동일자의 관계는 대칭적인 관계나 상호적인 관계가 아니다. 한정된 자와 한정되지 않은 자의, 일정한 테두리에 가두어진 자와 그런 테두리를 초월하는 자의 비대칭적 관계다.

하지만 그렇다고 해서 타자가 강하고 위력적이라는 말은 아니다. 타자는 오히려 약하고 헐벗은 자다. 강하다든가 풍요롭다든가 하는 것은 동일자적 영역에 속하는 규정일 따름이다. 그런 규정을 넘어서 있는 자를 그런 규정의 견지에서 보면 결핍의 부정적인 면이 부각될 수밖에 없다. 여기서 무한히 높은 자가 또한 지극히 가난하고 헐벗은 자라는 역설이 성립한다. 이러한 역설은 사실 우리에게 익숙하다. 가장 고귀한 자가 가장 헐벗은 곳에 자리한다는 점은 마구간의 구유에서 태어났다는 예수의 이야기가 잘 보여주지 않는

가. 여기서 중요한 것은 가장 높고 귀한 것이 부나 권력 따위에 의해, 지배와 관련된 사항에 의해 제약받지 않는다는 점이다.

그러니까 타자와의 관계는 지배의 관계가 아니다. 궁극적으로 내가 타자를 지배할 수도 없지만, 타자가 나를 지배하지도 않는다. 지배는 동일자적인 관계이지 윤리적 관계가 아닌 까닭이다. 그렇기에 레비나스가 말하는 무한한 타자를 위력적인 신과 유사한 존재로 여기면 곤란하다. 오히려 타자는 연약하고 헐벗은 자들로 나에게 다가온다. 이방인, 고아, 가난한 자, 병든 자 등등이 그들이다. 이들은 내가 가진 것들의 밖에서 내게 호소하고 명령한다. 이 호소와 명령은 지배나 강제가 아니지만, 나는 이 호소와 명령을 외면할 수 없다. 이 외면할 수 없음이 책임이고 윤리다.

그러므로 타자와 동일자의 관계는 어떤 공통성에 입각한 관계가 아니지만 무관심한 관계도 아니다. 타자와 동일자 사이의 차이difference는 무관심indifference이 아니라 무관심하지-않음non-indifference이다. 이와 같은 관계 맺음의 불가피성이야말로 윤리적 관계의 특성이다. 이 불가피성은 윤리적 관계의 직접성과 연결되어 있다. 레비나스에 따르면, 타자와의 관계는 어떤 매개를 통해 주어지지 않는다. 그것은 얼굴을 마주 대하는 직접적 관계다. 타자는 무한하지만 이렇게 곧바로 얼굴로서 다가온다. 타자는 우리에게 얼굴로 호소하고 명령한다.

그런데 이 얼굴은 어떤 외면적인 형태를 가리키는 것이 아니다. 외적 형태라면 그것 역시 동일자의 영역에 속하지 않겠는가. 레비

타자와 욕망

나스가 말하는 얼굴이란 타자의 직접적인 호소를 의미하는 표현이라고 이해하는 것이 옳다. 무한하고 초월적인 타자가 우리 밖에 머물러 있는 것이 아니라 우리와 직접 관계한다는 것, 그런 점에서 우리에게 직접 현현顯現한다는 것을 나타내는 표현이 얼굴이다. 그렇기에 레비나스는 타자의 얼굴이 아무런 가림이나 치장도 없는 벌거벗은 것이라고 말한다. 벌거벗은 낯선 얼굴, 우리를 강제할 아무것도 없이 우리에게 명령하는 얼굴, 그것이 우리에게 다가오는 타자의 얼굴이다.

향유와 환대

타자와의 관계는 어쩌면 시각적인 면보다는 청각적인 면이 강하다. 서양철학에서 시각과 빛은 플라톤에서 푸코에 이르기까지 워낙 인식과 지배 또는 통제와 밀접한 관련이 있는 것으로 다루어져 왔다. 반면에 청각은 우리가 잘 알지 못하는 것의 신호나 조짐으로, 또는 우리가 충분히 이해하지 못하는 새로운 가르침의 통로로 받아들여졌다. 그런 점에서 레비나스는 타자와 맺는 관계를 말 또는 언어라고 하기도 한다. 여기서 중요한 것은 역시 지배적이지 않은 관계, 그렇지만 타자가 우위에 놓이는 비대칭적 관계다.

레비나스가 이렇게 타자의 우위와 우선성을 강조하는 데에는 이제껏 우리가 이룩해온 동일자 중심의 세계가 지니는 한계와 문제점에 대한 비판이, 무엇보다 경쟁과 배제와 죽임의 문명에 대한 비판이 깔려 있다. 동일자를 우선시하고 확장하고자 하는 경향이 동일자적 틀 내부에서는 가혹한 경쟁을, 동일자 외부에 대해서는 동일화에 따른 복속 아니면 배제와 제거라는 폭압을 낳았다는 것이다. 하지만 그렇다고 해서 레비나스가 동일자적 세계를 완전히 부정하고자 하는 것은 아니다. 동일자 없이는 타자와의 관계도 성립하지 않을 것이 아닌가. 문제는 동일자 자체의 존립이 아니라 동일자가 타자와 맺는 관계의 방식이고 양상이다.

레비나스는 『전체성과 무한』에서 우리가 타자를 향한 욕망을 지니고 있다고 주장한다. 그런데 이 욕망은 어떤 결핍 때문에 생겨나고 그 결핍이 채워지면 만족되는 그런 욕망이 아니다. 이 욕망은 채우면 채울수록 오히려 더 커지는 욕망이다. 무한을 향한 욕망이기 때문에 그렇다. 윤리란 바로 이런 욕망과 관련되는 것이다. 그러므로 윤리적 관계는 결핍을 채우려는 행위로도, 보상이나 보답을 기대하는 행위로도 구현될 수 없다. 그런 행위들의 기준은 모두 동일자적 견지에 속한다. 반면에 무한을 향한 욕망은 우리의 한계 너머를 지향하는 욕망이다. 자신의 한계를 자각하는 자는 이런 욕망을 떨칠 수 없으며, 한계가 넓혀질수록 그 욕망은 더욱 커진다.

그렇더라도 우리가 언제나 우리의 한계를 자각하거나 한계 너머를 욕망하는 것은 아니다. 가령 하이데거가 말하듯 우리가 죽음을 향한 존재라는 점을 언제나 의식하고 살아가지 않는다. 오히려 우리는 원래 그런 의식 없이 우리 밖의 세계와 관계하며 살아나간다. 이를테면 우리는 우리가 먹는 음식, 우리가 마시는 물과 공기,

우리에게 내리쬐는 햇빛 등등 우리를 둘러싼 요소들 속에 잠겨서 그 요소들을 향유하며 살아간다. 이것이 유한하며 또한 나름의 독자성을 지니고 있는 존재, 그런 의미에서 분리된 존재인 우리의 본래적 삶의 모습이다. 레비나스가 이런 점을 내세우는 이유는 우리의 삶이 애당초 자기 확장적이거나 타자에 대해 폭력적이지는 않다는 것을 강조하려는 데 있다.

향유享有한다는 것, 즐긴다는 것은 지배한다는 것과 다르다. 어떤 것을 지배하기 위해서는 그것을 장악해야 하지만, 즐기기 위해서는 그럴 필요가 없다. 우리는 우리가 마음대로 할 수 없고 우리의 의사와 관계없이 주어지는 요소들 속에서도 충분히 즐길 수 있다. 예컨대 우리는 따사로운 햇볕을 즐기고 시원한 바람을 즐긴다. 풍광은 원래 누구의 지배도 받지 않으며 누구의 소유물도 아니다. 그것은 우리의 내부에, 우리가 이룩한 세계의 내부에 있지 않다. 향유에서 우리는 우리가 아닌 것과 관계하지만, 이 관계에서 우리는 아직 폐쇄적 전체성을 이루고 있지 않다.

그러나 다른 한편, 향유는 불안정한 관계다. 향유의 요소들은 우리 밖에 있기에 우리의 통제를 받지 않으며 영속적인 관계를 보장해주지 않는다. 따사로운 햇볕과 시원한 바람은 언제든 폭풍우로 바뀔 수 있고, 자연에서 얻는 식량은 쉽게 고갈될 수 있다. 이런 불안정을 극복하기 위해 우리는 집을 짓고 울타리를 두른다. 그렇게 마련한 보금자리에서 우리는 안정을 도모한다. 내일을 위해 먹을거리를 모으며 추위에 대비해 장작더미를 쌓는다. 노동과 소유는 이렇듯 향유의 불안정을 극복하기 위한 거주의 특성이 된다. 우리는 이 거주의 테두리 안에서 안정된 삶을 보장받지만, 이 테두리는 동시에 배타적인 자리 잡음의 경계가 된다.

이해관계의 대립은 여기서 생겨난다. 이해관계를 갖는다는 것은 존재−사이inter-esse에 놓인다는 것을 뜻한다.[8] 울타리를 치고 담을 쌓음으로써 존재의 자리를 점령하고 독점한 결과 다툼이 생기고 전쟁이 생긴다. 안락함을 주는 나의 집은, 파스칼이 말하는 "태양 아래 나의 자리"는, 타자를 밀어내고 배척하는 장소일 수 있다.[9] 내일을 대비한 나의 재산은 타자의 몫을 차지하고 빼앗은 것일 수 있다. 내 집과 나의 소유는 처음부터 있던 것도 당연한 것도 아니다. 그럼에도 불구하고 안정과 안락을 위해 쳐진 테두리들이 배타적인 것으로 공고해질 때 동일자의 폭력은 일반적인 것이 된다.

환대는 이런 폐쇄성을 열어젖히고 타자를 내 집에 맞아들이는 행위다. 낯선 이를 기꺼이 받아들여 자리를 내주는 일이 환대다. 손님을 맞이하고 환영하는 일이야 주인 된 자의 도리라고 하겠지만, 보통은 이 환대가 상호적인 것으로 취급된다. 내가 내 집의 손님을 환대하듯 나도 남의 집에 손님으로서 환대받을 것을 암묵적으로 기대한다는 말이다. 칸트는 이런 식의 환대를 일반화하여 권리로서의 환대로, 즉 "낯선 땅에서 적대적으로 대우받지 않을 권리"로 정립한

8 여기에 대한 진전된 논의는 『존재와 달리 또는 존재성을 넘어』 앞부분(1장 2절 이하)을 참조하라.

9 Emmannuel Levinas, *Éthique comme philosophie première*(『제1철학으로서의 윤리학』), Rivages poche, 1998, 93쪽 이하 참조. 레비나스가 인용한 파스칼의 말은 『팡세(Pensées)』 295절에 나온다.

10 임마누엘 칸트, 『영원한 평화를 위하여』, 이한구 옮김, 서광사, 1992, 36쪽. 이 번역본에서는 '환대'에 해당하는 'Hospitalität'를 '우호'라고 옮기고 있다. 칸트의 환대 개념에 대해서는 문성원, 『배제의 배제와 환대』, 동녘, 2000, 117쪽 이하 참조.

바 있다.**10** 그런데 레비나스가 말하는 환대는 이렇듯 상호적인 것에 그치지 않는다.

상호적인 환대는 조건적 환대다. 내가 남을 대우하듯 남도 나를 대우해주기를 바라며, 거꾸로도 마찬가지다. 이것은 네가 대접받고자 하는 대로 남을 대접하라는 도덕의 황금률에 부합하는 보편적인 원리로 보인다. 하지만 이와 같은 조건적 환대는 궁극적으로는 계산적인 것이며 따라서 동일자적인 것이라고 할 만하다. 나와 남의, 주인과 손님의 동등성과 대칭성이 전제되어 있는 탓이다. 반면에 레비나스가 내세우는 환대는 아무런 권리나 보상도 전제하지 않는다. 그것은 무조건적 환대다. 나는 타자가 이방인이고 헐벗은 자이기에 그 호소에 응답하여 타자를 환대할 따름이다.**11**

이런 무조건적 환대에도 전혀 근거가 없는 것은 아니다. 나 스스로도 먼저 맞아들여졌다는 데서 그 근거를 찾을 수 있다. 나는 내 집, 내 나라, 내 땅에 이미 받아들여지지 않았는가.**12** 애당초 이곳이 내 집이고 내 땅이었는지 생각해볼 필요가 있다. 지금은 우리가 특정한 권리를 지니고 있다고 하더라도 처음부터 한반도가 우리 땅이었는가? 지금의 미국 시민이나 캐나다 시민들이 처음부터 북아메리카의 주인이었는가? 나아가, 우리 인간들이 처음부터 지구에서 주인 행세를 할 수 있었던가? 우리는 우리가 차지

11 조건적 환대와 무조건적 환대를 명시적으로 구분하여 환대에 대한 논의를 전개한 이는 데리다이다. 자크 데리다, 『환대에 대하여』, 남수인 옮김, 동문선, 2004를 참조하라.

12 레비나스는 『전체성과 무한』 무렵까지의 저작에서는 나를 맞아들이는 집의 안온함을 여성성이라고 풀이하고 있다. 이 여성성의 주된 의미가 생물학적인 특징에 있는 것은 아니나, 이와 같은 설명에는 남성 위주의 가부장적 사고방식의 영향이 없다고 할 수 없다. 이후로 레비나스는 여성성에 초점을 두기보다는 나의 동일성이 타자에 의해 형성된다는 데 더 강조점을 맞추어나간다.

하고 울타리를 친 이곳에 먼저 맞아들여지지 않았던가? 우리가 마련했다고 자부하는 이 터전이 속속들이 우리에 의한 것이 아닌 다음에야, 이런 점을 어떻게 부인할 수 있는가.

그러나 이런 환대의 근거를 내가 무엇인가를 받았으므로 주어야 한다는 식으로 이해하면 곤란하다. 이것은 마치 우리가 부모와 자식 간의 관계를 '내리 사랑'이라고 여기고 우리가 부모로부터 받은 사랑이 우리를 거쳐 자식들에게로 흘러간다고 생각하지만, 이것을 어떤 교환이나 거래 관계로 취급할 수 없는 것과 마찬가지다. 나는 받았으므로 주는 것이 아니라, 이미 받아들여졌기에 받아들일 수 있을 따름이다. 내가 받아들여졌음이 내가 행하는 받아들임의 근거가 될 수는 있지만, 그것이 그런 행위의 윤리적 이유인 것은 아니다. 내가 이미 받은 환대는 내가 지금 동일자이고 주인일 수 있는 근거이며, 나는 그 근거 위에서 타자에 대해 무조건적 환대를 행할 수 있는 것이다.

동일성 너머의 윤리

그러나 이 무조건적 환대를 아무에게나 대문을 열고 자기 자리를 내주는 것으로 이해할 수 있을까? 사실 강도나 침략자에게 문을 열어주는 것은 환대라고 할 수 없다. 그것은 대개 강요나 기만에 의한 행위이며, 그렇지 않은 경우라면 어리석은 짓일 따름이다. 예컨대 유럽의 침략자들을 맞이했던 아메리카 대륙의 원주민들을 생각해보라. 그들은 약탈되고 살해되는 비참한 운명을 면치 못했고, 얼마 지나지 않아 거의 멸종에 이르고 말았다. 이런 침략자들도 레비나스가 말하는 타자에 해당한다고 할 수 있을까? 반대로 그들은 남의 자리와 소유물을 탐내는 강한 힘을 가진 동일자가 아닐까? 그렇다면 이런 동일자의 침탈에 대해 환대를 말하는 것은 어쭙잖은 일이다.

레비나스에 따르면, 윤리적 관계의 타자는 결코 강제나 지배를 획책하는 자가 아니다. 그런 것들은 동일자의 특성일 뿐이다. 하지만 우리가 실제의 삶 속에서 만나는 낯선 자는 레비나스가 말하는 타자의 면모만을 지니고 있다고 보기 어렵다. 오히려 낯선 자는 우리가 알지 못하는 의도와 힘을 가진 위협적인 존재인 경우가 흔하지 않은가. 사정이 이렇다면, 우리는 낯선 자에 대해 어떤 태도를 취해야 하는가?

낯선 이가 동일자인지 타자인지, 또는 동일자적 면모가 강한지 타자적 면모가 강한지를 먼저 판단해야 한다고 생각하는 것은 레비나스의 견지와 잘 어울리지 않는다. 앞서 언급했다시피 레비나스에게서 타자와의 관계는 판단과 인식에 앞서는 것이기 때문이다. 이런 점에서 보면 우리는 근본적으로 무조건적 환대의 자세를 취하는 것이 옳다고 해야 할 것이다. 하지만 이 무조건적 환대는 동일자적 침탈에 대해 대책이 없는 비현실적인 것이고 또 그런 의미에서 무책임한 것이 아닌가?

이 같은 생각은 무조건적 환대와 조건적 환대를 배타적인 것으로 놓는 데서 비롯하는 발상이다. 하지만 레비나스의 견지에 맞는 것은 무조건적 환대가 언제나 조건적 환대의 바탕에 깔려 있어야 한다고 보는 것이다. 물론 레비나스도 상대에 대한 인식과 판단이 필요하고 그것을 통해 동일자적 침탈에 대해 대응하여야 한다고 생각한다. 공평한 정의正義에 따른 행위가 있어야 한다고 보는 것이다.[13] 그렇지만 이처럼 정의에 입각한 조건적 환대도 무조건적 환대를 기반으로 하여야 그 한계 너머와 연결될 수 있다. 다시 말해 상호성과 대칭성을 넘어선 정신으로 뒷받침될 수 있다.

무조건적 환대가 없는 조건적 환대만의 경우와 무조건적 환대를 바탕으로 삼는 조건적 환대의 경우는 확연히 다르다. 약하고 헐벗은 상대, 앞으로도 도저히 상호적인 관계를 기대할 수 없는 자에 대한 태도를 생각해보면 그 차이를 금세 알 수 있다. 우리는 보통 이런 차이를 사랑이나 호의가 뒷받침된 행위냐 아니면 계산적이며 합리적인 행위냐를 구별하는 것으로 판가름하곤 한다. 하지만 사랑이나 호의는 선별적이기 쉬운 것이어서 낯선 자에게는 주어지기 어렵다. 반면에 무조건적 환대는 낯선 자에게, 타자에게 행해지는 것이다. 여기에 협소한 사랑을 넘어서는 레비나스적 윤리의 특징이 있다.[14]

그렇다고 레비나스가 가까움이나 느낌 같은 면을 경시하는 것은 아니다. 레비나스의 윤리가 보편적인 의무를 강조하는 칸트식의 이성적 윤리와 다른 점은

13 레비나스는 『전체성과 무한』에서 정의를 타자에 대한 관계인 책임으로 이해하기도 한다. 반면에 『존재와 달리 또는 존재성을 넘어』에서는 정의를 주로 공평함과 관련하여 다루고 있다. 공평함의 바탕에도 대면적인 책임이 놓여야 한다고 생각하면 이 두 가지를 함께 받아들일 수 있다. 여기에 대한 논의로는 문성원, 『해체와 윤리』, 그린비, 2012, 90쪽 이하 참조.

14 물론 보편적 사랑을 내세우는 박애의 경우는 레비나스의 윤리와 상통한다.

타자와 욕망

대면적인 직접성과 가까움 등을 앞세우는 감성적인 면에 있다고 할 만하다. 레비나스에게서 책임은 얼굴로 내게 호소하는 이웃에 대한 책임이다. 그러나 여기서 이웃이란 나와 친밀한 자가 아니라 내게 다가온 낯선 자라는 점이 중요하다. 그렇기에 이웃은 곧 타자이며, 나에게 무한히 가까운 만큼 무한히 먼 자이기도 하다. 모든 타자는 다 내 이웃일 수 있다. 다만, 내가 유한한 탓에 내게 다가온 타자인 이웃이 제한되어 있을 뿐이다.

이처럼 레비나스 철학에서 초점은 갈등을 동일자의 지평에서 해결하는 데 있다기보다는 타자와의 관계를 환기함으로써 그 지평과 갈등을 대하는 우리의 태도에 변화를 가져오는 데 있다. 레비나스는 우리에게 익숙한 테두리 내로만 눈을 돌려서는 그 내부의 문제도 풀어가기 어렵다는 점을 부각시킨다. 삶의 지평을 경쟁과 계산 따위로 한정해서는 갈등과 전쟁이 되풀이되는 역사에서 벗어날 수 없다는 것이다. 우리의 삶은 얼핏 우리가 당연시할 수 있는 관계들에 갇혀 있지 않다. 우리에게 익숙한 영역의 밖, 그 너머와의 관계가 우리 삶의 더욱 근원적인 차원이다. 타자와의 관계는 이해관계가 충돌하는 무대인 존재의 규정들에 앞서며 존재 세계의 바탕에 놓인다.

그러나 타자와의 관계에 주목한다고 해서 삶의 문제와 어려움이 모두 해결되는 것은 아니라는 점에 주의해야 한다. 타자와의 관계는 완결적일 수 없는 관계다. 오히려 타자에 응답하고 책임을 다하면 다할수록 그 책임이 더 커져간다는 것이 이 관계의 특징이다.

문제의 깨끗한 해결을 꿈꾸는 것은 폐쇄적 영역에서나 가능한 일이겠지만, 우리의 삶은 그런 처지에 있지 않다. 끝없는 문제와 끝없는 응답을, 타자에 대한 무한한 책임을 피할 수 없는 것이 우리의 삶이다. 레비나스에 따르면, 이런 점을 받아들이는 것이야말로 자기중심적이고 폭력적인 오늘의 문명을 개선해나갈 수 있는 길이다.

레비나스 철학의 발전

레비나스의 철학에는 시기에 따른 강조점의 변화가 있다. 초기에는 인간의 실존에 대한 관심이 두드러진다면, 후기에는 주체와 타자의 관련성을 한층 더 부각시킨다. 윤리에 대한 강조야 전 시기에 걸쳐 일관된 것이라 할 수 있지만, 앞에서 소개한 향유나 환대에 대한 논의는 『전체성과 무한』을 중심으로 한 것인데, 이 책은 레비나스 중기의 대표적 저작이라고 할 수 있다.

후기에 가면 레비나스는 향유보다는 감성을 통한 타자와의 관계에 더 관심을 쏟고, 환대보다는 주체가 타자에 엮여 있다는 면을 더욱 강조한다. 이것은 향유나 환대가 자칫 동일자의 자립성 위주로 이해될 수 있으리라는 우려 때문인 듯하다. 특히 환대는 일단 내 자리와 내 집이 있어야 가능한 일이 아닌가.

후기의 대표적 저작은 『존재와 달리 또는 존재성을 넘어』라고 할 수 있는데, 여기에 나오는 '말해진 것'과 '말함'에 대한 논의도 자못 흥미롭다. 타자가 우리에게 익숙한 규정을 넘어서 있는 것이라

할 때, 이 타자를 드러내고 표현하는 데는 어려움이 있기 마련이다. 말함은 생생함을 유지하지만, 이것은 곧 말해진 것으로 고정되어 그 생생함을 잃어버린다. 그래서 타자에 대한 말함은 언제나 끝이 없는 것일 수밖에 없다.

레비나스 철학을 대하는 우리의 자세에 대해서도 마찬가지의 면을 생각해볼 수 있다. 레비나스가 제시하고자 한 내용을 상황과 무관하게 고정시켜 이해하는 것은 레비나스 자신이 바라던 바가 아닐 것이다. 레비나스가 촉구하려던 것을 오늘의 처지에서 끊임없이 다시 생각하는 일이 필요하다.

....

"왜 자기 책을 보고 그래요?"

이건 홍상수의 초기 영화 〈돼지가 우물에 빠진 날〉에 나오는 대사다. 소설가인 효섭은 애인인 보경을 시내의 한 책방에서 기다리다, 자기가 쓴 소설을 서가에서 빼내어 읽는다. 이런 그를 발견하곤 보경이 곁으로 다가와 하는 말이다. 효섭은 머쓱해한다. 어쩌면 지금 내 처지도 비슷한지 모른다. 자기가 쓴 글을 독자인 양 다시 읽는다는 건 계면쩍은 일이다. 게다가 읽으면서 '음, 괜찮군. 그런대로 잘 썼는걸.' 이렇게 생각한다는 건 좀 우스꽝스럽기조차 하다. 그래도 그런 느낌이 드는 걸 보면, 이 글을 쓰던 당시와 크게 생각이 달라진 점이 없는 모양이다.

일반화하다 보니 세부 내용 면에서는 약간 부정확해 보이는 점이 있기는 하다. 또 레비나스 자신의 생각이라기보다는 내 나름의 해석이 많이 배어들어 간 듯한 대목도 있다. 하지만 요약 정리라는 것은 어차피 그런 특성을 가지기 마련 아닌가. 미흡하거나 석연찮은 점들은 앞으로『전체성과 무한』의 주요 대목을 검토해나가면서 보충할 여지가 있을 것이다.

2장   윤리와 종말론 –
『전체성과 무한』 서문 읽기

서문의 역할

나는 이 책의 '여는 글'을 이 책을 구상하면서 먼저 썼지만, 보통 책의 서문이나 머리말은 본문을 완성하고 나서 맨 나중에 쓰게 된다. 그래서 어떤 서문은 본문을 다 읽고 난 다음에 보는 편이 나은 경우도 있다. 저자가 본문의 내용을 이미 전제한 채로 논의를 전개하는 까닭이다. 그 바람에 서문이 본문보다 더 진전된 주장을 담게 되거나 더 난해해지는 때도 없지 않다. 헤겔의『정신현상학』「서문」 같은 것이 대표적인 예다.『정신현상학』의 본문을 읽기 전에 그 서문을 제대로 이해할 수 있는 사람은 아마 헤겔 자신 말고는 없을 것이다. 책을 쓰는 것이 독자를 위한 일이라 할 때, 이런 서문이나 머리말은 ―『정신현상학』의 서문처럼 그 자체로 제아무리 훌륭한 것이라 해도 — 분명 친절한 것은 못 된다.

그런데 이제부터 다룰 레비나스의 『전체성과 무한』도 썩 좋은 경우라곤 하기 어렵다. 『전체성과 무한』의 「서문」에서는, 우리가 진정으로 전쟁을 극복하고 참된 평화를 이룰 수 있는 길이 무엇인가 하는 중요한 문제가 다루어진다. 하지만 레비나스는 그 서문의 논의를 통해 본문의 내용을 소개하거나 안내하고 있다기보다는, 오히려 다음에 나올 본문의 내용을 발판으로 삼아 자신이 노리는 바를 적극적으로 내세우고 있다는 인상이 강하다. 물론 이것은 『전체성과 무한』이라는 책을 관통하는 목적의식이나 의도를 드러내는 것이고, 그래서 독자가 본문을 읽을 때 미리 염두에 두면 좋을 것이긴 하다. 그러나 이 서문을 본문보다 먼저 읽고 그 주장과 취지를 제대로 파악하기는 쉽지 않다. 사실 그 글은 책의 본문을 완성하고 나서 저자가 갖게 된 생각을 가다듬어 서술한 것이고, 그러다 보니 본문 못지않게, 때로는 본문보다 더욱 이해하기 어렵다.

그래서 나는 『전체성과 무한』을 처음 대하는 독자들이 굳이 「서문」부터 읽어나가지 않아도 된다고 생각한다. 또는 서문을 먼저 읽더라도 처음부터 그 내용을 다 파악하겠다고 작정하고 덤빌 필요는 없다고 본다. 애매한 구석이 좀 있다 해도 일단 책 전체를 일독하고 나서 서문을 다시 읽으면 훨씬 더 들어오는 바가 명료해질 것이기 때문이다. 앞에서도 말했다시피, 고전으로 이름이 난 철학책은 한번 읽어 소화하기가 무척 어렵다. 우리의 일반적인 사유와는 다른, 나름의 독특한 사유 방식을 담고 있는 탓이다. 좀 과장해서 말하면,

중요한 철학적 고전을 읽는다는 것은 새로운 하나의 언어를 익히는 것과 유사한 면이 있다.

하지만 바로 그렇기 때문에 더더욱 친절한 서문이 필요하다고 할 수 있다. 그런데도 많은 철학적 고전들이 그런 서문을 갖추고 있지 못한 탓에, 그 책들을 해설하고 주해하는 숱한 책들이 등장할 수밖에 없었던 것인지도 모른다. 이렇게 생각하면 고전에 대한 책은 그 고전의 서문을 보충하고 보완하는 역할을 한다고 할 법하다. 서문이 책의 본문과 독자를 연결해주는 역할을 한다고 할 때, 특정한 고전에 대해 새롭게 나오는 책들은 그 고전에 대한 각 시대의 서문인 셈이다. 이 책을 통해 의도하는 것도 레비나스의 『전체성과 무한』이라는 20세기의 철학적 고전을 우리 상황에서 바라보는 보충적 서문을 하나 쓰는 것이라 할 수 있다.

독일어판 서문

그런데 『전체성과 무한』에는 레비나스 자신이 쓴 보충적 서문도 있다. 1987년에 쓴 독일어판 서문이 그것이다. 서너 쪽의 이 짤막한 서문은 1961년에 나온 원래의 판본에 따른 책에는 물론 들어 있지 않지만, 프랑스에서 출간된 문고본에는 맨 앞에 실려 있고, 우리말 번역본에도 번역될 예정이다. 원래의 책이 출판된 지 사반세기가 지나 쓴 글이니 그간의 세월과 변화가 묻어 있지 않을 수 없다. 이 서문은 노년의 레비나스가 존재론의 극복을 얼마나 중요한 것으로 생각하고 있는지를 보여주며, 그 극복의 길이 '성聖스러움'과 '육욕 너머의 사랑'과 '선함'에 닿는다고 생각하고 있음을 알려준다. 이런 견지에서 보면 『전체성과 무한』은 아직 미성숙한 단계의 저작으로 비칠 것이다.

"선생님께서 예전에 쓰신 시들이 이렇게 노래로 불리는 것을 들으실 때 감회가 어떠세요?"

우리나라에선 노벨상 후보로 심심찮게 거론되곤 하는 한 시인에게 텔레비전 아나운서가 이렇게 물었다. 그런데 그 시인의 입에서 한순간의 망설임도 없이 튀어나온 대답이 뜻밖이었다.

"역겨워요."

이 말에 당황했던 사람은 대담을 하던 아나운서만이 아닐 것이다. 나도 놀랐다. 그때 들려주었던 노래가 '가을엔 편지를 하겠어요'로 시작되는, 많은 사람들이 좋아하는 노래였기에 더 그랬다. 물론 그 노래의 곡조가 역겹다는 것이 아니라, 그런 가사를 지었던 당시의 자신이 역겹다는 얘기였겠지.

레비나스의 경우는 그 정도는 아니다. 그는 『전체성과 무한』의 출발점과 문제의식을, 거기에 담긴 기본 주장을 용인한다. 그것이 충분히 더 발전되지 못했다고 술회하는 정도다. 그가 『전체성과 무한』의 핵심을 스스로 요약하는 한 대목을 인용해보자.

탈은폐된 것의 즉자와 대자 너머에 인간의 벌거벗음이 있다. 세계의 ― 풍경들의, 사물들의, 제도들의 ― 외부보다 더 외재적인 벌거벗음, 세계에 대한 자신의 낯섦을 외치는 벌거벗음, 그의 고독을, 그의 존재에 숨겨진 죽음을 외치는 벌거벗음. 그 벌거벗음은 스스로를 드러내면서, 감춰진 자신의 비참이 지닌 부끄러움을 절규한다. 그것은 영혼에서의 죽음을 절규한다. 이 인간의 벌거벗음은 나를 호명한다. 그것은 나인 그대로의 나를 부른다. 그것은 아무런 보호도 방어도 없이 자신의 약함으로부터, 벌거벗음으로부터 내게 말을 건다. 그러나 그것은 또한 낯선 권위로부터 나를 부른다. 명령적이지만 아무런 무기도 갖지 않은 권위로부터, 신의 말과 인간의 얼굴에 나타난 말씀으로부터. 얼굴은 낱말들에 앞서 이미 언어다. 세계의 고유명사와 명칭과 영역들을 통해 부여되거나 뒷받침되는 내용을 벗겨낸, 인간 얼굴의 원래 언어. 이미 요구이고, 이미 (바로 그런 것으로서) 비참인, 존재의 즉자 면에서 이미 거지인 원래의 언어. 그러나 이미 명령적인 언어. 죽을 수밖에 없는 자로부터, 이웃으로부터, 나의 고유한 죽음에도 불구하고 지난한 성스러움의 메시지에, 희생의 메시지에 답하게 하는 명령적인 원래 언어. 가치와 선의 근원이자, 인간에게 주어진 명령 가운데 자리 잡은 인간적 명령의 이념. 들을 수 없는 언어, 전대미문의 언어, 말해지지-않은 언어. 성서Ecriture!

이것은 『존재와 달리 또는 존재성을 넘어』를 거친, 만년의 레비나스가 내놓은 표현이다. 아름답다는 생각이 든다. 그렇게 느껴지지 않는 사람이라면 다시 한번 찬찬히 읽어보라. 이해의 정도에는 차이가 있겠지만, 그런 차이에도 불구하고 우리의 심금을 건드리는 울림이 있다. 그러나 25년 전의 레비나스라면 최소한 마지막의 '성서!'라는 말은 뺐을 것이다. 물론 이것이 기독교의 '성서'를 뜻하는 것은 아니지만, 레비나스의 철학을 기존의 종교나 신학의 견지에서 해석할 오해의 소지가 있기 때문이다. 『전체성과 무한』의 레비나스는 그러한 해석의 가능성에 매우 민감하게 반응했다.[15]

어쨌든, 이 인용한 단락에서도 하이데거 철학의 극복이 출발점이 되고 있는 것은 분명해 보인다. '탈은폐된 것'과 그 너머의 '인간의 벌거벗음'이 대비되고 있지 않은가. 세계, 풍경, 사물 등등도 하이데거를 상기시키는 용어들이다. 가려진 존재가 드러나는 것으로는 그것이 그 자체로 드러나는 (즉자적) 존재건, 우리에게 드러나는 (대자적) 현존재건 인간과의 관계에 닿지 못한다. 이렇게 말하면 하이데거 쪽에서는 못마땅해할 것이다. 하이데거가 언제 인간을 빼먹었느냐고, 『존재와 시간』에서부터 인간의 존재가 공共-존재임을 역설하지 않았느냐고 항의할 수 있을 법하다. 아닌 게 아니라, 한 하이데거 전문가는 이렇게 한탄한다.

…… 『존재와 시간』은 인간의 역사성과 사회성을 무시하고 인간을 단독자로 파악하는 독아론적인 입장에 서 있다는 하버마스식의 비판이나 타인의

15 게다가 여기 '성서'로 옮긴 Ecriture라는 말은 소문자 écriture로 쓰일 때는 글자, 문자, 글쓰기 등의 의미다. 자크 데리다가 『글쓰기와 차이(L'écriture et la différence)』에서 지적하듯이, 『전체성과 무한』에서 레비나스는 시각보다는 청각을, 글보다는 말을 중시했다. 자크 데리다, 『글쓰기와 차이』, 남수인 옮김, 동문선, 2001, 164쪽 이하 참조.

타자성을 고려하지 않고 있다는 레비나스식의 비판은 줄기차게 제기되어온 전형적인 비판이다. 그러나 이러한 비판들은『존재와 시간』을 꼼꼼하게 읽으면 쉽게 반박될 수 있는 비판들이다.[16]

일리 있는 얘기다. 그런데 막상 레비나스가 하이데거의『존재와 시간』을 '꼼꼼하게' 읽지 않았으리라고는 생각하기 어렵다. 이 독어 판 서문 첫머리에서부터 레비나스는『전체성과 무한』이 "오랜 기간 에 걸쳐 후설의 저작들을 연구하고 또『존재와 시간』에 계속 관심을 기울인 결과"라고 말하고 있다. 그리고 실제로 레비나스는 한때 하 이데거에 '매료'되어[17] 하이데거를 전문적으로 연구했던 하이데거 학도였다. 그럼에도 불구하고 레비나스의 하이데거 이해가 엉터리였다고 할 수 있을까? 레비나스의 하이 데거 비판이 "『존재와 시간』이 이룩한 사상적인 수준 이하에서 제기되고 있는 것"[18]이라고 볼 수 있을까?

레비나스에 대한 하이데거의 영향은 지대하다. 보기에 따라선 레비나스를 하이데거의 아류亞流 철학 자로 간주할 수도 있을 것이다. 레비나스가 많은 용 어와 발상을 하이데거에게 빚지고 있는 것은 사실이 기 때문이다. 그런가 하면, 하이데거를 넘어서고자 하 는 대결 의식이 그의 저작 곳곳에, 특히『전체성과 무 한』의 갈피갈피에 배어 있다. 누구보다도 하이데거의 영향을 크게 받았기 때문에, 또 그 스스로가 나치즘

16 박찬국,『하이데거의『존재와 시간』강독』, 그린 비, 2014, 8쪽.

17 마리 안느 레스쿠레,『레비나스 평전』, 변광배·김 모세 옮김, 살림, 2006, 125 쪽. 레비나스는 신칸트주의 의 거두 카시러와 하이데거 가 맞대결을 펼친 것으로 유 명한 1929년의 다보스 학회 뒤풀이 장에서 카시러로 분 장하여 그를 조롱하기도 했 다. 야콥 타우베스는 이 장 면을 약간 악의적으로 자세 히 묘사하고 있다. 야콥 타 우베스,『바울의 정치신학』, 조효원 옮김, 2012, 235쪽 이하를 보라.

18 박찬국, 위의 책, 위와 같은 곳.

의 직접적인 피해자이기 때문에, 레비나스는 나치즘과 하이데거 철학의 연루 가능성에 민감할 수밖에 없었고, 하이데거 철학의 극복을 자신의 주요 과제로 설정하지 않을 수 없었다. 『전체성과 무한』에서 하이데거를 공격하고 비판하는 어조는 그 이후의 레비나스 저작들에 비해 심한 편이고, 하이데거에 호의적인 발언은 거의 눈에 띄지 않는다. 이런 점이 오히려 이 저작이 아직 하이데거의 영향권에 묶여 있음을 보여준다. 반면에, 자신의 철학이 본궤도에 들어서고 나름의 명성을 얻게 된 이후의 레비나스는 하이데거의 영향이나 하이데거 철학의 뛰어남을 인정하는 데 보다 관대한 모습을 보인다.[19] 알다시피, 이런 식의 양상은 비단 레비나스에게만 나타나는 것이 아니다. 어떤 철학자건 자신에게 가장 큰 영향을 준 인물을 자신의 출세작에서 대놓고 인정하는 경우는 보기 힘들다. 그래서야 그 인물의 그늘에서 벗어나려 하는 자신의 작업 성과를 부각시키기 어렵지 않겠는가.

하지만 이렇게 말한다고 해서, 철학자나 사상가들이 개인의 욕심 때문에 선배나 스승을 평가절하하거나 왜곡하곤 한다고 생각할 필요는 없다. 뛰어난 철학자들의 과제는 그 시대의 과제이기도 하다. 아니, 시대의 과제를 포착하는 것이야말로 뛰어난 철학자가 되기 위한 필요조건이라고 해야 옳겠다. 각자의 문제의식에 따라 강조점의 이동이 불가피한데, 서로 다른 관점에서 보면 그것이 왜곡이나 무시, 과장 따위로 여겨지는 경우가 많다.

19 이런 면은 말년에 한 인터뷰들에서 잘 드러난다. 레비나스의 인터뷰를 모아 놓은 *Is it rigteous to be?*, ed. by Jill Robbins, Stanford University Press, 2001의 여러 곳 참조.

타자와 욕망

레비나스와 하이데거의 관계도 그렇다고 할 수 있다. 물론 레비나스의 문제의식이나 견해가 하이데거에 비해 반드시 더 나은 것이라거나 발전된 것이라고 보아야 하는 것은 아니다. 하이데거에게서 오늘의 견지에 더욱 적합한 문제의식이나 구상을 끄집어낼 수도 있을 것이다. 그러나 레비나스를 읽을 때 놓쳐서는 안 될 초점이 있다. 타인을 살해하고 타인에게 고통을 가했던 20세기의 비극적 상황, 거기에 대해 하이데거의 철학을 위시한 당시까지의 철학이 무력하고 무책임했던 이유가 무엇이었는가? 레비나스는 그 이유가 인간의 비참함에 대한, 인간의 얼굴에 대한 외면에 있었다고 생각했다. 철학은 이 얼굴의 호소에 응답하지 못했을 뿐 아니라 주목하지도 못했다. 하이데거의 철학이 인간 존재를 다루고 거기서 공동 존재라는 특성을 찾아냈다고 해도 마찬가지다. 레비나스가 볼 때, 얼굴의 호소와 그에 대한 응답은, 그 절박함과 중요성 면에서, 존재에 대한 어떠한 이해에도 앞서는 것이다.

따지고 보면, 호소와 응답이라는 레비나스의 이 개념 쌍 역시 하이데거에서 유사한 형태를 찾을 수 있을 것이다. 존재의 '말 건넴'과 그에 대한 응답으로서의 '시작詩作' 따위가 그것이다. 레비나스는 하이데거의 '존재'가 기본적으로 드러남 위주의 개념이며 시각적 지배와 포획의 사고방식이라고 비판한다. 하지만 우리는 하이데거가 존재의 개방성과 아울러 그 은폐적 특성도 누누이 강조했음을 알고 있다. 또 존재의 소리에 귀 기울일 필요를 역설했음도 알고 있다. 레비나스가 말하는 타자의 얼굴은 우리에게 현현하지만 포착 불가능한 것이다. 그것은 보이는 것이라기보다는 호소하고 명령하는 언어라고 할 수 있다. 하지만 하이데거의 존재도 그와 유사한 특성을 지닌다고 볼 여지는 많다. 그렇다면 하이데거와 결정적으로 구별되는 레비나스적 사유의 중심은 무엇이라고 해야 할까? 레비나스가 '타자의 얼굴'이 기어코 존재를 넘어선다고 주장할 때, 그 의미의 핵심은 과연 어디에 있는 걸까?

그것이 곧 '윤리'고 '타자에 대한 책임'이라고 할 수 있다. 레비나스적 사유의 본령은 근원적이며 절박한 '윤리적 관계'를 부각시키려는 데서 성립한다. 성실한 독자라면, 『전체성과 무한』을 통해, 또 그 이후의 저작을 통해 이 점을 지속적으로 확인할 수 있을 것이다.

그렇지만 나도 레비나스를 읽다가 하이데거와의 친화성을 문득문득 느끼곤 한다. 사상의 흐름이라는 견지에서 보면 기본적으로 같은 줄기를 타고 있다는 인상을 받을 때가 많다. 다음과 같은 레비나스의 술회를 읽었을 때에도 그랬다.

"1928년/29년에 나는 처음으로 하이데거를 읽었는데, 그때 그건 하나의 **신학적** 반향이고 울림이었지요. 이 **책무**Schuld······ 그것은 신학의 세속화 같았어요. 셸러의 말 알죠? '그것은 천재성과 주일 설교의 혼합물이었다.' 그 울림이 꼭 그랬어요."**20**

내가 레비나스를 처음 읽었을 때도 유사한 느낌을 받았다. 레비나스의 철학은 전통적인 종교의 유효성이 사라져가는 시대에 윤리라는 이름으로 종교적

20 "L'intention, l'événement et l'Autre" (1985년 12월 20일 Christoph von Wolzogen과 한 레비나스의 인터뷰), *Emmanuel Levinas 100* (Proceedings of the Centenary Conference, Bucharest, September 2006, ed. by Cristian Ciocan), Zeta Books, 2007, 23쪽.

타자와 욕망

사유를 되살리려는 시도가 아닐까. 또는 종교적 사유에 힘입어 윤리적 과제를 제기하려는 시도가 아닐까.

이렇게 말한다면 종교적 사유가 무엇인지가 문젯거리일 것이다.

"모든 종교는 죽음을 다뤄요. 신을 설정하지 않는 종교는 있지만(이를테면 불교 같은 경우에 그렇죠), 죽음을 문제로 삼지 않는 종교는 없거든요."

정확하게 옮긴 건 아니겠지만, 언젠가 도올 김용옥 선생이 텔레비전에 나와 이런 식의 말을 했던 것으로 기억한다. 강준만 교수의 말마따나 도올은 타고난, 희대稀代(또는 戲臺)의 '엔터테이너 철학자'다. 나는 김용옥 선생의 강의를 대부분 재미있게 시청했다. 어떤 때는 정확하지 않은 얘기를 너무 자신 있게 해서 듣기에 조마조마하기도 했지만, 뭐, 그것도 보는 재미 중 하나였으니까……. 남들이 쉽게할 수 없는 이야기를 거침없이 내뱉는 시원시원함이 자잘한 부주의와 과도한 자신감이라는 허물을 덮어버리곤 했다. 자못 심각한 문제까지 무겁지 않게 만들어버리는 풍모가 단점이라면 단점이지만, 어떻든 부러운 재주를 가진 인물이 아닐 수 없다. 그 나름의 통찰력과 진지함을 자기도취적 코믹함과 경박함이 완전히 감추지는 못한다. 도올은 근래에 펴낸 한 책에서 종교와 관련해 이렇게 말한다.

…… 신은 곧 죽음이고, 죽음은 곧 신이다. 죽음이라는 유한성의 반면反面이 신이라는 무한성이며, 죽음이라는 불완전성의 반면이 신이라는 완전성이다. 죽음이라는 육신의 죗값의 반면이 곧 신이

라는 영혼의 구원이 되는 것이다. 하이데거가 인간을 '죽음에로의 존재Sein zum Tode'로 본 것도 결국 기독교적 사유를 세속화시킨 것에 불과하다. 그는 삶의 텐션을 다시 죽음화하고 있는 것이다. 하이데거처럼 공포를 활용해먹은 철학자도 드물다. 프라이부르크 대학 총장으로서 짧은 기간이었지만 그 수많은 인민을 학살한 나치를 찬양하는 취임 연설을 하고 기꺼이 당적까지 획득한 그의 어리석음을 용서할 수 없다.[21]

'삶의 긴장(텐션)을 죽음화'하고 있다는 표현이 좀 심하게 들릴지 모르겠다. 죽음을 삶 속에 끌어들여 우리 삶을 반성케 하고 그럼으로써 삶에 방향을 부여하는 것은 종교의 본래적 역할의 하나다. 우리 삶의 결정적 한계인 죽음과 죽음 너머는 신이 관장하는 영역이 되어, 살아 있는 자들의 삶에 영향을 미친다. 그런데 하이데거는 종교 없이, 그러니까 신과 피안彼岸 없이 그런 일을 한다는 것이다. 종교가 죽음을 삶에 끌어들여 하는 일이 부정적인 것만은 아니듯이, 하이데거의 '죽음의 세속화' 역시 부정적인 기능만 갖지 않는다. 하지만 그것이 우리를 위협하고 불안케 하여 우리 자신 이상의 위력을 희구하게 할 수 있는 것도, 그래서 집단적 도취와 배타적 폭력에 연결되는, 구래의 종교에서와 유사한 부작용을 낳는 것도 사실이다.

레비나스는 이런 부정적인 면을 피하기 위해 하이데거처럼 죽음을 우리 삶의 중심에 끌어들이지 않으려고 한다. 그래서 죽음이 아니라 향유가 삶의 본래

21 김용옥, 『사랑하지 말자』, 통나무, 2012, 280쪽

타자와 욕망

적 면모라고 주장한다. 그렇다면 레비나스 철학의 경우엔 어디에서 종교적인 특성이 나타나는 것일까? 레비나스는 죽음을 이야기하지 않는다는 말인가? 당장 앞서 인용한 단락에서도 그는 '존재에 숨겨진 죽음'을, **'영혼에서의 죽음'**을 운위하지 않았는가?

그렇긴 하다. 하지만 레비나스에서 문제가 되는 죽음은 우선 나의 죽음이 아니라 타인의 죽음이다. 그것은 나를 겁박劫迫하는 죽음이 아니라 내게 호소하는 죽음이다. 정확히 말하면, 그것은 죽음이라기보다는 죽음으로 위협당하는 삶, 다른 이의 삶이다. 레비나스에게서 나를 한계 짓고 무한을 일깨우는 것은 죽음이 아니다. 그렇게 하는 것은 타자다. 우리의 삶에 다가와 있고 들어와 있는 타자다. 레비나스 철학에 종교적 면모가 있다 하더라도 그것이 하이데거식의 위험으로부터 벗어나는 것이려면, 그 특성은 죽음이 아니라 타자로부터, 타자와의 관계로부터 오는 것이어야 한다. 아닌 게 아니라 레비나스는『전체성과 무한』에서 이렇게 말한다.

우리는 전체성을 구성하지 않은 채 동일자와 타자 사이에 수립되는 유대를 종교라 부르고자 한다.(10쪽)**22**

이 '유대로서의 종교'에 대해서도 당장 보충하고 싶은 말이 없지 않지만, 지금은 일단 접어두도록 하자. 섣부르게 괜히 종교 문제를 꺼냈다는 생각이 드는 판국이기 때문이다.『전체성과 무한』을 다룬다면서

22 『전체성과 무한』에서 인용할 때 쪽수는 괄호 안에 넣어 표시하기로 한다. 이 쪽수는 1961년 불어판의 쪽수다.

이제 그 책의 「서문」, 그것도 보충적 「서문」을 겨우 더듬고 있을 뿐인데, 논의가 너무 제멋대로 늘어지고 있지 않은가. 그러니 우선은, 레비나스에서 받는 '종교적' 느낌이 죽음과의 관계에서라기보다는 우리에게 낯설고 우리를 초월하는 것과의 관계에서 온다는 점을 언급하고 가는 것으로 만족하기로 하자.

"그런데 선생님, 죽음은 타자가 아닌가요?"

이때 기다렸다는 듯이 한 학생이 끼어든다. 그는 질문을 할 때 고개를 왼쪽으로 살짝 기울이는 버릇이 있는, 영특한 학생이다. 그냥 넘어가자니 좀 찜찜하던 판국에, 때맞은 질문이다. 다행스럽게도 내게는 이런 도우미들이 더러 있다.[23]

"좋은 질문이에요. 죽음은 우리의 삶과 다른 것, 그것도 절대적으로 다른 것일 테니, 타자라고 할 만하지요. 하지만 레비나스에서 타자는 우리에게 호소하고 명령하며 우리가 응답하는 상대임을 잊어서는 안 됩니다. 그러니까 나의 죽음은 타자라고 할 수 없을 겁니다. 우리가 죽음에 응답한다 해도, 그것은 나의 죽음이 아니라 타자의 죽음에 대해서겠죠. 나의 죽음이란 응답하는 나 자체의 소멸을 뜻할 테니까요. 그 경우엔 응답 자체가 불가능할 겁니다. 레비나스가 말년의 강의에서 말했듯[24] 죽음이란 무엇보다도 '응답-없음'이라고 할 수 있어요."

"그러니까……, 타자란 어디까지나 나와 상관적이라는 말씀인가요?"

23 이런 식의 서술 방식을 양해해주기 바란다. 가능한 한 덜 딱딱하게 이야기를 풀어나가려다 보니 어설프게 허구를 뒤섞은 이 같은 시도를 해보게 되었다. 하지만 내용적 면에서는 가상이 아니다. 나는 실제로 이런 질문을 받은 적이 있고 이와 유사하게 답변한 일도 있다.

24 에마뉘엘 레비나스, 『신, 죽음 그리고 시간』, 김도형 외 역, 그린비, 2013, 19쪽.

"그렇죠. 바로 그거예요. 그래서 레비나스는 타자가 존재론적 개념이 아니라고, 중립적 개념이 아니라고 하는 거죠. 그에게서 타자란 관계적 개념, 그리고 윤리적 개념이에요. 또는 지금 우리가 다루고 있는 「독일어판 서문」에서도 강조하고 있듯이, 현상학적 개념이라고도 할 수 있죠. 나와 상관적으로 드러나는 현상으로서 문제가 되기 시작하니까요. 나와 상관적이지만 나를 초월한다는 것, 이것이 그의 타자 개념에서 중요한 점입니다. 말이 났으니 그 대목을 같이 읽어보도록 합시다. 무한과 연결되는 타자, 그리고 존재 너머의 타자라는 『전체성과 무한』의 출발점을 이해하는 데 도움이 되는 구절이에요. 「독일어판 서문」을 마무리 짓는, 역시 아름다운 필치의 문장이기도 하고요."

……『전체성과 무한』의 논의가 결코 잊은 적이 없는 것은, 데카르트가 제일철학의 세 번째 「성찰」에서 자신의 노에마에 상응하지 않는 하나의 노에시스와, 자신의 사유 대상cogitatum에 상응하지 않는 하나의 사유와 마주쳤다는 유념해야 할 사실이다. 직관의 명증에 머무는 대신 철학자에게 눈부심을 주는 한 관념. 진리에 의해 사유하는 것보다 더 많이 ─ 혹은 더 잘 ─ 사유하는 사유. 자신이 사유한 무한에 대해 응답하며 또한 경배하는 사유. 『전체성과 무한』의 저자에게 이것은 커다란 경이였다. 이 놀라움은 스승인 후설(후설은 그 자신이 데카르트의 제자라고 말했다!)의 가르침 가운데 노에시스-노에마의 평행론에 대한 강의를 들은 다음에 찾아

왔다. 그래서 그는 스스로 물었다. '지혜-의-사랑'에서의 사랑, 그리스에서 비롯한 철학인 이 사랑에 정말 소중한 것이 대상을 에워싸는 지식의 확실성인지, 아니면 이 지식에 대한 반성에서 오는 한층 더 큰 확실성인지를. 또 철학자가 사랑하고 기다리는 이 지혜가 인식의 지혜를 넘어서는 사랑의 지혜인지 아니면 사랑을 대신하는 지혜인지를. 사랑에 대한 사랑으로서의 철학. 다른 인간의 얼굴이 가르치는 지혜! 이것은 플라톤의 『국가』 VI권에서 존재성 너머의 선善으로, 또 이데아들 위의 자리로 언급되지 않았던가? 이 선과의 관계에 의해 존재 그 자체가 나타나고, 이 선으로부터 존재는 자신을 드러내는 빛과 자신이 지닌 존재론적 힘의 빛을 끌어오며, 이 선을 목적으로 하여 "모든 영혼은 자신이 행하는 바를 행한다."

종말론과 역사

레비나스의 「독일어판 서문」이 20여 년 전의 『전체성과 무한』을 여유 있게 굽어보는 편이라면, 1961년 출판 당시에 쓴 「서문」은 자못 비장하게 자신의 책을 독자에게 제시하는 쪽이다. 그 탓에 어깨에 힘이 들어가서일까, 이미 얘기한 대로 이 서문은 읽기가 여간 까다롭지 않다. 그렇더라도 이 자리에서마저 건너뛸 수는 없는 노릇이다.

"우리는 도덕에 속기 쉽지 않을까? 그 여부를 아는 것이 매우 중요하다는 데는 누구나 쉽게 동의할 것이다."

레비나스는 「서문」의 말머리를 이렇게 연다. 자신이 내세우는 책이 '도덕'을 주장하는 것으로 읽히리라고 보고 스스로 미리 문제 제기를 하는 셈이다. 도대체 우리가 도덕을 어떻게 믿고 따를 수 있는가? 타인의 호소에 응답하고 낯선 자를 환대하라고? 더욱이 타자와의 윤리적 관계 속에서 무한한 책임을 져야 한다고? 이성적 사유를 한다는 철학자가 어쩌면 그렇게 '무책임한' 소리를 할 수 있는가? 우리의 삶은 크고 작은 싸움으로 점철되어 있지 않은가? 우리 삶의 터전이 사실상 전쟁터라는 점은, 이성적으로 현실을 살필 줄 아는 사람이면 쉽게 간취할 수 있는 점이 아닌가? 그리고 도덕이란, 이런 전쟁 상태를 일시적으로 중지시키고 잠정적 질서를 유지함으로써 이득을 얻게끔 마련된 사회적 장치의 관념적 부분에 불과하지 않은가? 그렇기에 제도와 도덕은 이해관계가 바뀌고 힘의 균형이 변화하면, 파기되거나 다른 것으로 대체되어버린다. 영원한 것처럼 치장되던 도덕의 겉모습이, 이해관계의 충돌과 전쟁 속에서 하찮고 가소로운 것이 되어버리는 꼴을 우리는 번번이 목격하지 않는가? 이런 현실에서 도덕을 무턱대고 믿다가는 큰코다치기 십상이다. 도덕은 우리를 자주 기만하고 속인다. 전쟁의 현실을 직시하는 자들은 도덕의 기능을 받아들이기는 하나, 그것을 적절히 이용할 줄 안다. 본질적으로 전쟁이 지배하는 현실의 정치를 이해하고 있는 것이다. 반면에 어리석은 자들은 도덕과 도덕이 제공하는 평화에 과도한 기대를 걸고, 그래서 결국, 도덕과 도덕을 이용하는 자들에게 속아넘어간다. 요컨대, "철학이 어리석음에 맞서듯, 정치는 도덕에 맞선다."(X쪽) 그렇지 않은가?

나는 이런 문제 제기가 이유 있다고 생각한다. 대부분의 사람들처럼 나 역시 도덕적 설교는 하는 것도 듣는 것도 좋아하지 않는다. 오히려, 짐짓 도덕을 앞세우는 사람들을 보면 그들이 그런 태도를 취하는 진짜 이유가 무엇일까를 도리어 의심하는 편이다. 도덕이란 사회적 삶의 진화 과정 속에서 형성되는 집단적 규율이며, 사유와 행위의 패턴을 제어하는 역할을 한다는 생각에 기본적으로 동의한다. 마르크스주의식으로 말하면, 도덕은 대부분 상부구조나 이데올로기의 영역에 속하는 것이 아니겠는가. 물론 도덕에는 보편적인 것으로 보이는 요소들이 있다. 하지만 그것들도 집단의 생존과 질서의 유지에 필요한 일반적 특징들이지 순수하고 절대적인 기준은 아닐 터이다.[25]

그런데 레비나스는 이렇게 도덕이 상대적인 것으로 여겨지며 근본적으로 불신받고 있는 현실을 인정하는 데 머물지 않는다. 그가 도덕에 대한 의혹을 스스로 제기하는 것은 우리가 이런 현실을 극복할 수 있다고 생각하기 때문이다. 그는 전쟁의 잠정적 중지가 아닌 참된 평화가 가능하며, 그것은 우리를 속이지 않는 무조건적이고 보편적인 도덕에 의해 이룩될 수 있다고 주장한다. 사실, 이런 주장이야말로 레비나스 철학을 매력적이게 하는 요소다. 그러나 그런 도덕은 과연 어떤 것이며, 또 어떻게 실현될 수 있는가?

25 유명한 뇌과학자 마이클 가자니가의 『뇌로부터의 자유』(박인균 옮김, 추수밭, 2013, 260쪽)에는 경험과학적으로 추출해낸 보편적 도덕 모듈 다섯 가지가 소개되어 있다. 그것은 "고통(남을 도와줘야지 해쳐선 안 된다), 호혜(여기서 공정함이라는 감각이 발생한다), 위계(노인을 공경하고 정당한 권위를 존중할 것), 공동체 의식(당신이 속한 집단에 충성할 것), 그리고 순수성(깨끗함을 찬양하고 병의 전염과 성적인 행위를 부끄럽게 여길 것)"이다. 이 다섯 가지 항목의 비중은 문화적 환경에 따라 달라질 수 있고 그래서 다양한 도덕적 견지들이 등장한다고 가자니가는 설명한다. 이런 도덕적 기반에 대해서는 조너선 하이트의 글들을 참조하면 좋다. 대표적으로, 조너선 하이트, 『바른 마음』, 왕수민 옮김, 웅진, 2014, 234쪽 이하.

타자와 욕망

레비나스 주장의 적합성을 세세히 따져보려면 레비나스의 책을, 지금의 경우는 『전체성과 무한』을 찬찬히 읽어나가는 수밖에 없다. 하지만 우리는 저자가 「서문」에서 그러한 독서를 유도하기 위해 어떤 실마리를 제시해주리라고 기대할 수 있다. 그런데 여기서 레비나스는 뜻밖의 논의를 내놓는다. 한편으로는 자극적이고 또 한편으로는 당황스러운 주제다. 그는 느닷없다 싶게 '종말론eschatologie'을 거론한다.

종말론이라니? 대체 어떤 종말론인가? 레비나스의 따르면, 그것은 "메시아적 평화의 종말론"이고, "예언적 종말론"이며, "심판의" 종말론이다. 이런 종말론에 의해서만 도덕은 정치에 맞설 수 있고 또 정치를 넘어서서 자신을 보편적으로 내세울 수 있다고 말한다. "평화에 관해서는 종말론밖에 있을 수 없다"(XII쪽)는 것이다. 그러면서도 레비나스는 이것이 철학적 명증의 대상도 아니고 종교적 신앙의 대상도 아니라고 한다.

"그게 도대체 무슨 소리죠? 종교적이 아니라면서 왜 그런 얘기를 하는 거예요? 메시아니, 예언이니, 심판이니 하는 말을 들으면 종교를 떠올리지 않기가 어렵잖아요. 이건 선생님 말씀처럼, 레비나스의 철학이 근본적으로 종교적이라는 증거가 아닐까요? 게다가 종말론을 내세우는 것은 죽음을 내세우는 것보다 더 문제인 것 같아요. 개개인이 아니라 아예 세상을 통째로 죽음으로 몰고 가는 것이 종말일 테니까요. 종말이 다가왔으니 회개하라, 종말이 다가왔으니 윤리적이 되어라, 이거 마찬가지가 아닌가요? 일종의 협박이고 그런 점에서 악용될 소지가 너무 크다 싶어요."

학생의 항의다. 당연히 나올 법한 반응이다. 사실은 나도 이런 위험을 무릅쓰고 레비나스가 굳이 종말론을 거론할 필요가 있었을까 의아스러웠다. 그것도 자신의 주저가 될 만한 책의 「서문」에서 말이다.

"그러게 말예요. 내가 알기론 레비나스가 철학적 저작에서 종말론을 집중적으로 얘기한 곳은 이 『전체성과 무한』의 「서문」뿐이에요. 본문에서는 종말론이라는 말 자체가 딱 한 번 나오는데, 그것도 지나가면서 언급되죠(219쪽). 내 짐작으로는, 이 서문을 쓸 때 레비나스가 꽤 절박하고 비장한 심정이 아니었을까 싶어요. 그러니까 책의 첫머리에서 '마지막'에 관한 논의를 했던 거겠죠. 종말론이라는 에스카톨로지라는 단어에서 어근이 되는 희랍어 에스카토스eskhatos는 마지막이라는 뜻이거든요. 타자를 우위에 두는 윤리 또는 도덕 이외에는 평화를 이룰 수 있는 길이 없다, 이제까지의 문명을 뛰어넘는 새로운 차원의 삶이 자리를 잡아야 한다, 이런 절박함이 있지 않았을까요…….

그렇지만 레비나스는 이 종말론에서의 종말이 사람들이 흔히 이해하듯 세상의 종말을 뜻하는 것이 아니라는 점을 강조해요. 이를테면 라스 폰 트리에의 〈멜랑콜리아〉라는 영화에서 묘사되는 것 같은, 지구가 박살나버리는 그런 종말을 말하는 것이 아니지요. 또는 모일某日 모시某時에 세상에 환란이 일어나고 그때 구세주가 와서 새로운 세상이 열린다, 하는 식의 종말론도 아니라는 겁니다. 그런 종류의 종교적, 메시아적 종말론이 아니에요.

그거 기억합니까? 1992년 10월 28일인가 세상의 종말이 온다고, 그래서 세상이 다 끝장나고 소수의 '믿는' 사람들만 구원받아 공중에 들어 올려진다고 믿었던, 이른바 '휴거'를 준비하던 광신도들이 우리나라에 있었어요. 그때 정말 웃기지도 않았어요. 텔레비전 뉴스에서 그 사람들 기도하는 거 중계하고, 온갖 신학자들을 인터뷰하고, 외신 기자들도 몰려와서 사진 찍어대고……. 그래서 어떻게 됐냐고요? 어떻게 되긴요, 아무 일도 없었죠. 그래도 그 사람들은 자신들의 믿음을 금방 안 굽혀요. 시기는 맞지 않았지만, 곧 종말이 온다는 거예요. 그 사람들 지금은 뭐하고 있나 몰라……. 하여튼 레비나스가 말하는 종말은 그런 종말이 아닙니다.

세상의 종말, 나아가서 역사의 종말, 그런 게 아니에요. 레비나스가 뜻하는 종말은 시간상의 어떤 지점이 아니죠. 그럼 뭐냐고요? 그것은 오히려 역사 너머, 역사의 한계 너머를 의미해요. 그러니까 역사의 절멸이나 그런 게 아니라 역사의 초월을 뜻하죠. 윤리의 차원은 역사적 세상을 넘어서지만 또 그 세상과 함께해요. 이런 점은 얼핏 이해하기가 쉽지 않죠. 우리가 가지고 있는 상식적인 종말에 대한 관점을, 즉 선적線的인 시간의 관점을 다면적인 것으로, 다차원적인 것으로 바꿔야 하니까요. 말하자면, 우리가 아옹다옹하며 살아가는 이 역사 세계 바깥에 윤리의 차원을 설정하고 동시에 그 윤리의 차원이 우리의 삶에, 이 역사 세계에 영향을 미친다고 보는 것이죠. 헤겔이나 마르크스주의 역사철학에 익숙해 있던 사람에게는 역사에 대한 이런 관점이 쉽게 납득되기 힘들 겁니다. 어떻든, 중요한 건 레비나스가 왜 이런 얘기를 하는가를 파악하는 거죠. 그런 점을 염두에 두고 레비나스의 말을 직접 들어봅시다."

믿음에 의한 종말론의 추측은 명백함보다 더 확실하기를 원한다. 마치 종말론이 존재의 궁극성을 드러내어 미래를 해명하는 힘을 명백함에 덧붙인다는 듯이. 그러나 명백함으로 환원된 종말론은 전쟁에서 비롯하는 전체성의 존재론을 이미 받아들이는 셈이다. 종말론의 참된 함의는 다른 데 있다. 종말론은 목적론적 체계를 전체성에 도입하지 않는다. 종말론은 역사의 방향을 가르쳐주는 데서 성립하지 않는다. 종말론은 **전체성 너머에서** 또는 역사 너머에서 존재와 관계하는 것이지, 과거와 현재 너머에서 존재와 관계하는 것이 아니다. 종말론은 전체성을 둘러싸고 있을 법한 공허와 관계하지 않는다. 그 공허 속에서는 자기가 원하는 것을 자의적으로 믿을 수 있을 테고, 그럼으로써 바람과도 같은 자유로운 주관성의 권리들을 키워갈 수 있을 테지만. 종말론은 **언제나 전체성에 외재적인 잉여**와 맺는 관계다. 이것은 이를테면, 객관적 전체성이 존재의 참된 척도를 채우지 못하고, 어떤 다른 개념 — **무한**의 개념 — 이 전체성에 대한 이 초월을 표현해야 하는 것과 같은 사태다. 그 초월은 전체성 속에 포함될 수 없으며 전체성과 마찬가지로 본래적이다. (X~XI 쪽)

타자와 욕망

이렇듯 레비나스는 자신이 내세우는 종말론이 역사에 외재적이고 초월적이라고 말한다. 종말론적인 것은 역사 바깥에, 역사 너머에 놓인다는 것이다. 하지만 이렇게 바깥과 너머를 운위한다고 해서 그가 이 세계를 떠난 또 다른 세계를, 어떤 피안彼岸을 지향한다고 생각하면 곤란하다. 되풀이하지만, 레비나스가 말하는 바깥과 너머는 이 세계가 끝난 다음에 오는 것이 아니며, 이 세계와 단절된 지평에서 성립하는 것도 아니다. 또 그것은 이 세계를 둘러싸고 있는 빈자리와 같은 것도 아니다. 그런 것이라면 그 바깥은 이 세계에 아무런 영향을 미치지 못할 것이고, 우리가 평화를 확보하거나 윤리적 삶을 사는 데 아무런 역할도 하지 못할 것이다. 그러므로 바깥이나 너머는 전체성이 포착할 수 없는 어떤 영역으로서의 **잉여**이지 공허일 수 없다. 이 표현들이 나타낼 수 있는 공간적 이미지에 현혹되지 않는다면, 이 잉여는 전체성의 너머와 바깥에서 전체성과 '겹쳐' 있다고 할 만하다. 물론 이 겹침은 대칭성을 함의하지 않는다. 오히려 이 겹침에서는 한편으로 전체성을 이루는 한정과, 다른 한편으로 잉여의 한정되지 않음, 곧 무한함 사이의 비대칭성이 두드러진다. 겹치지만 그 겹침은 맞아떨어지는 것이 아니라는 얘기다.

무한無限이라는 개념이 한정限定 또는 유한有限이라는 개념과 동근원적이라는 점에 대해서는 설명이 필요 없을 것이다. 우리가 한정함을 통해 세계를 규정짓고 이해하면서 살아가는 이상, 레비나스가 말하는 전체성의 영역은 성립하기 마련이다. 문제는 이렇게 한정되고 규정받을 수 있는 영역—그것이 얼마나 확장되건 간에—이 전부라고 여기는 데 있다. 지금은 확보하지 못했지만 앞으로 우리가 포착해서 이해하고 장악할 수 있을 것이라고 간주되는 지평도 모두 이 전체성에 속한다. 레비나스가 말하는 종말론은 우선, 이 영역이 한계를 지닐 수밖에 없음을, 그리고 우리의 삶은 이 영역 바깥으로부터 영향을 받음을 지시하는 것이다.

그런데 왜 하필이면 '종말론'인가? 그것은 아마, '역사적으로' 볼 때, 전체성의 역사를 넘어선 곳으로부터 우리의 삶에 영향을 미치려는 시도가 종종 종말론이라는 이름하에 이루어졌기 때문이 아니었을까. 그래서 온 세상을 포섭하려는 전체론적 역사의 바깥을 가리키는 데 이 명칭이 효력을 발휘할 것이라고 보았기 때문이 아니었을까. 그런 효력보다는 그 말의 이미지가 갖는 위험성이 더 부담스러울 법도 하지만……. 어떻든 레비나스가 사용하는 맥락에서 보면, '예언적', '메시아적' 등의 표현도 기본적으로는 이렇게 탈脫전체론적이고 탈脫역사적인 영역으로부터의 영향을 나타내기 위한 것이라고 해야 하지 싶다.**26** 비록 그 말들이 유대교나 기독교의 배경을 가지고 있는 것은 분명하지만, 레비나스에서 예언과 메시아는 시간계열상의 한 지점이나 그 끝으로서의 종말과는 무관한 것이기 때문이다.

그러므로 레비나스가 말하는 종말론에서의 바깥과 너머는 어떤 시점 이후에서부터가 아니라 이미 우리 삶에 영향을 주고 있는 것이라 할 수 있다. 그 바깥과 너머는 이 세계의 내면에, 역사 안에 반영된다. 갈등과 다툼이 벌어지는 이 세계의 곳곳에, 또 그런 역사의 순간순간에

26 포스트-모더니티와 종말론을 연결시켜 이해하려는 시도에 대해서는 맬컴 불 엮음, 『종말론』, 이운경 옮김, 문학과지성사, 2011, 17쪽, 266쪽 이하 등 참조.

관여하는 것이다. 하지만 이때의 관여는 다툼의 와중에 끼어들어 이해관계의 운동에 작용하는 식으로 이루어지지는 않는다. 그것은 일종의 개입이지만, 그 개입 방식은 존재의 다툼 가운데 한 부분을 차지하는 것이 아니다. 그렇다면 그 개입은 어떤 것인가? 여기서 우리는 또다시 급박한 이미지를 가진 전통적 개념과 맞부딪힌다. 그것은 '심판'이다. 하지만 이 심판 역시 구래의 종말론에서와는 다른 의미를 갖는다. 그 점을 또 레비나스의 문장을 통해 잠시 살펴보자. 레비나스에서

> 종말론적인 것은 역사를 총체적으로 심판에 맡김으로써, 역사에 종말을 새기는 전쟁들의 외부에서, 매 순간마다 이 순간 자체에 충만한 자신의 의미작용signification을 복원한다. 모든 소송들은 심의받을 준비가 되어 있다. 중요한 것은 최후의 심판이 아니라, 살아 있는 자들을 심판하는 시간의 매 순간마다 행해지는 심판이다. 심판이라는 종말론의 이념은 (헤겔이 심판을 부당하게 합리화하였던 역사의 심판과는 반대로), 존재들이 영원에 '앞서서', 역사의 성취에 앞서서, 시간의 만료(여기에도 여전히 시간은 있다)에 앞서서, 하나의 정체성을 갖는다는 점을 함축한다. 종말론의 이 이념은, 존재들이 물론 관계 속에서 존재하지만 전체성에 의거해서가 아니라 자기에 의거해서 그러하다는 점을 함축한다.(XI쪽)

이처럼, 레비나스에서 심판은 천상의 나팔 소리와 함께 오는 것

도 아니며 세상이 회색빛으로 물들 때 오는 것도 아니다. 오히려 이 심판에 대한 논의를 보면 벤야민의 '지금 시간Jetztzeit' 개념이 떠오른다. 목적론적 역사와 진보의 관념에 반대하여 순간의 의미를 복원시키고자 했다는 점에서다. 벤야민의 유명한 「역사의 개념에 대하여」에 따르면, 우리가 주목하여야 할 현재는 어떤 보편적 전개 과정에 내맡겨진 부분이나 계기가 아니라, "그 속에서 시간이 멈춰 정지해버린" 순간으로서의 '지금 시간'이다. 여기에는 이른바 "메시아적 시간의 파편들"이 박혀 있다.**27** 메시아라는 말은 구원의 염원과, 또 억압에서 벗어나려는 투쟁과 연결되는 이미지를 갖지만, 레비나스에게서 그렇듯 벤야민에게서도 이 메시아적인 것은 어떤 발전 과정의 종국에 오는 것으로 여겨지지 않는다. 그것은 도리어 그런 역사를 중단시키는 것으로, 그러면서도 모든 역사적 사건과 순간들을 완성시키는 것으로 받아들여진다. 이 완성된, 또는 구원된 순간은 고립된 점적인 것이 아니라 과거와의 연관들을, 별자리에서 드러나는 것과 같은 이른바 성좌적 구조를 담아내는 단자單子와도 같은 것이다.

나는 벤야민과 레비나스의 이런 발상들이 목적론적 발전이나 진보를 내세운 역사관에 대한 반발과 비판으로서, 특히 나치즘을 그런 역사관의 귀결로 바라보는 가운데 등장했다고 짐작한다. "파시즘이 승산이 있는 이유는 무엇보다 그 적들이 역사적 규범으로서의 진보의 이름으로 그 파시즘에 대처하기 때문"**28**이라고 벤야

27 발터 벤야민, 「역사의 개념에 대하여」, 『역사의 개념에 대하여, 폭력 비판을 위하여, 초현실주의 외』(발터 벤야민 선집 5), 최성만 옮김, 도서출판 길, 2008, 347쪽, 349쪽.

타자와 욕망

민은 생각한다. 같은 지평에서 움직이고 부딪혀서는, 혹 그 지평을 주파하는 속도나 방식에 변화를 가져올 수 있을지언정, 그 지평 자체의 한계를 극복할 수는 없다. 사실, 메시아적 종말론이라는 구상의 호소력은 여기에서 온다. 그 구상의 일차적 의미는 전쟁과 고통이 점철되는 이 지평 너머와 바깥을 제시하는 데 있다. 그 너머와 바깥은 이 지평과 연속적일 수 없지만 이 지평과 관계해야 한다. 자칫 그 지평에 말려들어 포섭되지 않을 수 있는 방식으로, 그 지평의 실체적 움직임과 직접 엮이지 않는 방식으로 말이다. 비록 종교적 전통 속에서 발전되어온 개념이긴 하나, 심판이나 구원이 그런 방식이라고 할 수 있다. 이를 통해, 같은 차원에 종속되지 않는 의미 부여가 가능해지는 까닭이다.

　심판이라는 자못 위압적인 표현에도 불구하고 레비나스의 관계 방식은 벤야민에 비해[29] 희망적이고 긍정적으로 보인다. 그 심판이 전체성에 매몰되지 않은 우리의 '자기'를 일깨우기 때문이다. 심판은 우리를 역사 너머의, 그러니까 이해관계 너머의 재판으로 불러내어 그 소환에 응답하도록, 책임을 지도록 촉구한다. 레비나스에 따르면, 평화는 이렇게 응답하고 책임지는 자들을 통해 성립한다. 반면에 역사는 우리들에게 익명의 법칙에 따른 역할을 부여할 뿐이다. 레비나스가 말하는 종말론적 심판은 이러한 전체성의 역사를 깨뜨리는 것이지, 어떤 종교적 주장에서처럼 우리의 삶을 종식시키거나 다른 세상으로 옮겨놓는 것이 아

28　위의 책, 337쪽.
29　벤야민의 메시아적 종말론과 그것의 허무주의적 특징에 대한 흥미로운 논의로, 야콥 타우베스, 『바울의 정치신학』, 조효원 옮김, 그린비, 2012의 제7장 참조. 타우베스는 벤야민이 1921년에 쓴 「신학적-정치적 단편」을 주로 분석하고 있다.

니다.

그러니까 레비나스에서 종말론이란, 우리와 관계하는 무한, 곧 전체성의 바깥이 전체성을 깨뜨리고 윤리적 삶을 불러일으킨다는 점을 나타내는 용어인 셈이다. 그렇기에 이 종말론은 기존의 종교에서 찾아볼 수 있는 종말론적 내용을 담고 있지 않다. 전체성을 파열시켜 타자와 관계하는 지평을 부각시키는 것이 이 종말론의 주요한 역할이다. 그 내용을 채워서 완성하는 것은 우리의 도덕적 경험에 맡겨진다. 물론 이 도덕적 경험과 그것의 원리인 윤리는 이해관계와 다툼을 규정하는 객관화와 전체화의 틀을 따르지 않는다. 그러므로 이렇게 도덕과 윤리의 지평을 열어주는 종말론은 일종의 해체적 역할을 한다고 볼 수 있다. 하지만 이것은 데리다의 해체론적 견지와는 다른데, 왜냐하면 레비나스는 이 종말론을 통해 **"콘텍스트 없는 의미 작용의 가능성"**(XII 쪽)을 내세우기 때문이다.

꼭 데리다가 아니더라도 텍스트나 콘텍스트를 벗어나는 의미의 성립 가능성을 인정하기는 쉽지 않을 것이다. 데리다는 일찍이 레비나스를 알리는 데에도 큰 기여를 한 논문인 「폭력과 형이상학」(1964)에서, 그리스적 로고스를 넘어서고자 하는 레비나스의 시도가 (그것이 적어도 철학인 한에서) 그리스적 전통의

30 자크 데리다, 『글쓰기와 차이』, 남수인 옮김, 동문선, 2001의 4장 참조. 데리다는 특히, 초기 저작에서 후설의 '무역사성'을 비판했던 레비나스가 세월이 흐른 뒤 종말론을 통해 역사 너머를 운위하여 놀라움을 주고 있다고 밝힌 다음, 이렇게 쓰고 있다. ['전체성 즉 역사 너머'라는] "이것은 다시 한번, 전체성이 유한하다고(이 점은 전체성의 개념에는 전혀 들어 있지 않다) 전제하며, 있는 그대로의 역사가 유한한 전체성일 수 있다고, 또 유한한 전체를 넘어서는 역사는 없다고 전제한다. 우리가 앞서 시사했던 것처럼, 다음과 같은 점들을 보여줄 필요가 있을 것이다. 역사란 유한한 전체성 속에서는 불가능하며 의미를 가질 수 없다는 것, 역사란 적극적이고 현재적인 무한성 속에서는 불가능하며 의미를 가질 수 없다는 것, 그리고 역사는 전체성과 무한 사이의 차이 가운데 유지된다는 것, 역사는 레비나스가 초월과 종말론이라고 부른 바로 그것이라는 것. 하나의 **시스템**은 유한하지도 무한하지도 않다. 구조적 전체성은 그 작용에서 이 양자택일을 벗어난다. 구조적 전체성은 고고학적인 것과 종말론적인 것을 벗어나며 그것들을 자기 자신 속에 새겨 넣는다."(197~198쪽. 번역은 수정했음.)

타자와 욕망

철학적 개념화에서 자유로울 수 없음을 보여주고자 했다. 또 그는 지금 우리가 살펴본 바와 같은 레비나스의 역사 개념이나 전체성 개념도 유지되기 어려운 것임을 지적하고자 했다.**30** 데리다의 입장에서야, 완결적이지 않은 맥락 속에서 성립하는 고정되지 않은 의미화만이 가능하다고 해야 할 것이다. 데리다는 종말론에 대해서도 그것이 어떤 체계나 현실 자체의 비완결성을 지시하는 한에서는 그 함의를 받아들이지만, '바깥'과 '너머'의 적극적 영향이나 작용은 인정하지 않는다.**31** 사실, 이런 데리다의 견지가 사유의 일관성 면에서는 더 안전하고 부담이 적을 수 있다.

하지만 레비나스는 이런 길을 택하지 않는다. 그는 종말론을 '전혀 다른 유형의' 의미 작용과, 너머 또는 바깥의 현현顯現과 연결시킨다. 그 현현이 곧 '얼굴'이다. 레비나스는 『전체성과 무한』의 「서문」에서부터 이 점을 강조한다.

31 이런 점은 데리다가 '환대'를 중심으로 레비나스의 개념과 관점을 상당 부분 수용했다고 할 수 있는 말년의 시기에도 본질적으로 달라지지 않지만, 그는 레비나스의 종말론적 견지를 정치적인 것을 넘어서는 정치, 순수히 정치적인 것일 수 없는 평화를 사유하는 방식으로, 나아가 메시아주의 없는 메시아성과 관련되는 것으로 해석해낸다. 자크 데리다, 『아듀 레비나스』, 문성원 옮김, 문학과지성사, 2016, 특히 152쪽 이하 참조.

전체성의 경험으로부터 전체성이 부서지는 상황으로 나아갈 수 있는데, 이 상황이 전체성 그 자체를 조건 짓는다. 이러한 상황은 타인의 얼굴에 나타난 외재성의 또는 초월의 섬광이다. 이 초월의 개념을 엄밀하게 발전시켰을 때 우리는 그것을 무한이라는 말로 표현하게 된다.(XIII쪽)

이렇듯 현현에 초점을 맞추어 볼 때 부각되는 것이 바로 타인의 얼굴이다. 따라서 이 얼굴은, 적어도 너머와 바깥의 현현으로서의 얼굴은, 다툼과 이해관계의 영역에 속하지 않는다. 이 얼굴은 한정되지 않은 것과 관계하기에, 우리에게 익숙한 규정들의 견지에서 보면 벌거벗은 것이지만, 언제나 장악 불가능한 높이와 깊이를 지닌다. 그래서 레비나스에 따르면, 우리는 타인의 얼굴이 호소하고 명령하는 바를 궁극적으로 외면할 수 없다. 다툼의 힘이나 강제에 의해 한정되지 않기에 이 호소와 명령은 더욱, 비할 바 없이, 직접적으로 내게 다가온다. 이와 같은 직접성이야말로 얼굴의 중요한 특성이다.

이 얼굴의 직접적 호소와 명령, 그리고 거기에 대한 응답과 책임이 의미화의 궁극적 원천이 된다. 우리가 주체로서의 존재자로 성립하는 것은 이런 책임과 의미화를 통해서고, 전체성이 존립할 수 있는 것도 이렇게 주체가 존재자로서, 분리된 존재로서 성립하기 때문이다. 그러므로 전체성이 부서지는 상황, 즉 전체성 너머가 드러나는 상황이 다름 아닌 전체성의 조건을 이룬다고 할 수 있다. 달리 말해, 폐쇄적 유한의 세계가 깨지는 상황이야말로 그 세계의 유한한 테두리가 마련되는 바탕을 보여준다는 것이다.

그런데 왜 하필이면 얼굴인가? 한정됨이 한정되지 않은 것을 전제하며, 따라서, 한정된 것으로서의 전체성이 한정되지 않은 잉여로서의 무한과 어떤 방식으로든 관계를 맺을 수 있다고 해보자. 또 그 관계의 방식이 전체성의 깨짐으로서, 그것도 매 순간의 파열로서 나타난다고 해보자. 그렇더라도 왜 그 파열이 얼굴을 통하여 드러나는가? 또는 왜 그 파열의 섬광이 나타나는 장소를 굳이 얼굴로 한정하

타자와 욕망

는가? 왜 그 파열이 일어나는 지평은 존재론적인 것이어서는 안 되고 윤리적인 것이어야 하는가? 이런 질문들은 아마, 우리가 「서문」을 지나 『전체성과 무한』의 내용을 살펴나갈 때, 레비나스가 어떤 문제들을 풀어나가고자 했으며 또 그것이 오늘의 우리에게는 어떤 의미를 지니는지를 가늠해볼 수 있는 탐구의 지표 역할을 할 것이다.

3장   낯섦에 대한 감수성과 욕망

"때로 [레비나스를] 이해하기 어려웠어요. 그의 생각이 말투보다 빨랐기 때문이죠. 글씨도 신경질적이어서, 가끔 해독하기가 힘들었지요. 『전체성과 무한』이나 『어려운 자유』의 원고가 쓰인 조각들을 당신이 보기만 했다면! 그는 봉투 뒷면에, 반쪽짜리 계산서 아래쪽에, 사용 안 한 아주 작은 종잇조각들에다 썼어요. 때로 나는 종이쪽을 온갖 방향으로 뒤집어가며 문장의 앞뒤를 맞추어야 했죠. 그는 잉크를 다시 채울 수 있는 만년필을 사용했어요. 카트리지가 달린 종류가 아니었던 게 확실해요. 카트리지는 너무 빨리 닳아버렸어요! 그는 무척 많이 썼어요. 상당히 많이 고쳤고요. 쓴 데다 줄을 그어 지웠고, 콜라주처럼 잘라내고 붙였지요. 글이 자신의 생각을 정확하게 옮겼다고 여길 때까지 멈추지 않았어요.

그는 원고를 줬고, 나는 타이핑했죠. 그리고 그는 그걸 다시 고쳤어요. 그는 자신이 쓴 것에 만족하질 않았죠. 어느 날, 그는 드디어 내게 물었어요. 내가 그 글이 괜찮다고 생각하는지를 말예요!

난 그의 글에서 일종의 음악적 리듬을 발견했어요. 마치 메트로놈 같았죠. 타이핑을 하면서 또는 소리 내어 원고를 읽어가면서 이 리듬을 듣곤, 나는 그 글이 좋다는 걸 알았어요. 그가 끝냈다는 걸 알았고, 더 이상 고치지 않으리라는 걸 알았죠. 난 그에게 말했어요. 이제 그건 음악 같아요. 아주 좋아요."

― 테레즈 골드스타인

테레즈 골드스타인Thérèse Goldstein은 동방 이스라엘 사범학교에서 레비나스의 조수로 일했다. 그녀는『전체성과 무한』의 초고를 비롯해서 1953년부터 1980년 사이의 레비나스 저작 대부분을 타이핑했다. 이 언급은 2006년 1월 23일 파리 유대인 공동체 센터에서 '레비나스와 한 세기 : 미래를 위한 휴머니즘'이라는 제목으로 열린 강연회에서 그녀가 발언한 내용으로부터 따온 것이다. 이런 언급은 2009년 8월 조엘 한셀Joëlle Hansel과 행한 미발간 인터뷰에서도 등장한다.(Scott Davidson / Diane Perpich ed. *Totality and infinity at 50*, Duquesne University Press, 2012, p.v)

에마뉘엘 레비나스가 자크 데리다에게 보낸 두 통의 편지

E. 레비나스

1964년 10월 22일

미셸 앙쥐가 6번지

파리

친애하는 선생,

나는 당신 글**32**을 처음 읽고 즉시 감사를 표하고 싶었습니다. 내 글을 읽고 나를 거론하고 그토록 생생하게 나를 논박하는 데 들인 모든 수고에 대해서요. 두 번째 절을 읽고는 그 구체적 설명에 꽤 당황했어요. 지금은 푸아티에 대학 강의 준비 때문에 여유가 없지만 곧 그 문제를 다룰 수 있었으면 좋겠어요. 매 페이지마다 풍부하게 펼쳐지는 당신의 지적 능력에 아주 감탄했습니다. 아이러니하고 신랄한 페이지들에서조차 그렇더군요. 진심으로 감사드려요.

　언어에 의존하는 탓에 나는 내게 똑같은 옷을 입히는 비판자들의 손아귀에 놓이지요. 내게 있어 언어

32 「폭력과 형이상학. 에마뉘엘 레비나스의 사유에 관한 에세이(Violence et métaphysique. Essai sur la pensée d'Emmanuel Levinas)」, *Revue de metaphysique et de morale*, 1964년 3호와 4호. 이 편지는 3호에 실린 이 글의 전반부를 읽고 쓴 것인 듯하다. 데리다의 이 글들은 『글쓰기와 차이(L'écriture et la différence)』, Seuil, 1967에 다시 실렸다.

E. Levinas
6 bis rue Michel Ange
Paris 16e

le 22 octobre 1964

Cher Monsieur,

Je vous écris tout de suite après la première lecture de vos textes — vous remercie de l'envoi, de la dédicace de toute la peine que vous vous êtes donnée pour les lire, me commenter et ne refuser à vigoureusement. La lecture du deuxième article a été assez embarrassante à cause de sa présentation matérielle. J'espère y revenir quand les réparateurs de mes cours jeunes Poitiers m'en laisseront le temps. Je dois vous dire une grande admiration pour la puissance intellectuelle qui se déroule dans ces pages trop généreuses même quand elles sont ironiques et sévères. Merci de tout cœur pour les unes et pour les autres.

Mon recours au langage me met entre les mains de mes adversaires dont je sais l'uniforme. Sauf que pour moi le langage porte au delà d'elle-même et dans l'interpellation de celui que la parole n'embrasse pas, et qui est geste). Elle garde échos de ce mouvement ne fût-ce que dans l'est même

d'au delà. Peut-on parler de ce qui ne se montre pas? Certes non si on veut être simple comme Heidegger peut l'être! Mais l'au delà se montre peut-être dans l'équivoque — c'est-à-dire dans l'énigme — qui consiste non pas à dire deux choses équivalentes, ou à se cacher après s'être montré, mais à se montrer incognito en laissant la possibilité de démentir, en toute sincérité, cette manifestation, comme dans notre monde qui a perdu la confiance dans la Centralité. Pour Heidegger j'ai l'impression que vous acceptez sa théologie négative et toutes ses hypothèses — j'aurais beaucoup à dire sur Husserl: mais comment contester que l'adéquation est pour lui l'ultime fondement du vrai, le secret de son... même s'il est un échec? Voici quelques réflexions qui me viennent en désordre. Elles n'ont pas de prétention. Elles ne peuvent pas en tout cas diminuer en moi la gratitude que je vous dois ni la forte impression que laisse ce travail considérable et vous cordialement

가 —말로 족쇄를 채우지 못하는 무엇(또 몸짓인 무엇)을 불러 세우는 가운데 —사유 너머의 사유를 담지하지 못하는 한 그렇습니다. 비록 너머라는 말 자체에서일 뿐이라고 해도 말은 이 운동의 흔적을 지니고 있어요. 우리는 드러나지 않는 것에 대해서 말할 수 있잖습니까? 물론 하이데거가 그렇게 하는 것처럼 간단하지는 않지요! 너머가 드러난다는 것은 애매함 가운데 —즉 수수께끼 가운데— 가능합니다. 이 애매함은 양가적인 두 사물을 말하는 데서 또는 드러난 것 뒤에 숨는 데서가 아니라, 몰래 드러나는 데서 성립하죠. 성서들에 대해 신뢰를 잃어버린 오늘날의 세계에서처럼, 아주 진지하게 이 나타남을 부정할 가능성을 허용하면서 말입니다.

빛나는 얼굴에는 이런 것이 있습니다. 또 바로 여기에 이웃이 있어요. 눈에 보이지-않는 역사적 콘텍스트에만 있는 것이 아니지요. 나는 당신이 하이데거의 부정 '신학'과 온갖 가설들을 받아들이고 있다는 인상을 받아요. 후설에 관해서는 나도 할 말이 많죠. 그러나 합치가 그에게는 진리의 궁극적 정초이고 그의 관념론 실체의 비밀이라는 점에 어떻게 이의가 있겠어요. 비록 후설의 관념론이 실패했다 해도 말이지요. 사물의 지각이라는 칸트적 의미에서의 관념조차 반성 속에서 "스스로를 정당화" —weist sich aus— 합니다. 반성 속에서 자신의 동일성을 정당화하고, "스스로를 드러내고자 애를 쓰죠." —자, 이것이 내게 두서없이 다가온 몇몇 반성들입니다. 우기려는 의도는 전혀 없어요. 그리고 어떤 경우건, 내가 당신께 드리는 감사의 마음과 이 주목할 만한 작업이 주는 강력한 인상이 이런 생각

들로 인해 줄어들 수는 없습니다. 충심을 다하여,

E. 레비나스

파리 1965년 2월 1일

친애하는 데리다 선생,

별쇄본, 감사합니다. 여기에는, 처음의 두 꼭지를 통해 행간에서 또 여백에서 풍부하게 펼쳐지고 도처에서 증식하여 내게 달려들었던 생각들 전부가, 최종적 제시물 속에서 누그러진 형태로 담겨 있군요. 앞서 전화로는 단 하나의 비판만이 진정 날 아프게 했다고 말했지만, 내 말 속에 불평을 끼워 넣은 건 영락없이 우스운 일이었지요. ― 난 이렇게 덧붙이고 싶어요. 당신은 다양한 수준을, 표현의 다양한 계기들을 언제나 구별하지 않은 채, 내가 나 자신과 불화하게 만듭니다. 그러나 나는 한 담론의 정합성을 그것에 대한 해석자의 신뢰감에 맡길 수 없다는 것을 알죠. 거기엔 나 자신의 책임이 크고, 이 점에서 나는 당신께 다시 고맙다고 말해야겠어요.

　　당신은 분명, 무한히 많은 것을 하이데거에게 돌렸어요. 그러나 이 무한을 정당화하는 것은 확실히 그의 지적 신망이죠. 그렇지만 그가 자신이 내놓은 말에는 아직 이해되지 않은 의미가 있다는 구실로 그를 믿는 사람들을 피해 갈 때에도 항상 그를 믿어야 하는 건가요! 그는 언제나 그 자신에 충실했나요? 특히 그가 마지막의 그의 자리에서 **피와 대지**Blut und Boden에 의해 오염되지 않은 채『존재와 시간』의 **섬뜩함 / 낯섦**Unheimlichkeit에 머물렀음이 확실한가요?

　　나는 이 질문들이 당신을 화나게 하지는 않을 것이라고 생각해

PARIS ... LE 1 février 1965

Cher Monsieur Derida,

Merci de ce tiré à part où j'ai retrouvé, enfin apaisées dans leur présentation définitive, toutes ces pensées qui, dans les deux premiers envois, foisonnaient entre les lignes et sur les marges et proliférant partout se jetaient sur moi. Je vous avais dit au téléphone qu'une seule critique me faisait vraiment mal, mais c'était, sans doute, ridicule d'introduire une plainte dans mon propos — Je voudrais ajouter ceci: vous me mettez en désaccord avec moi-même sans toujours distinguer les divers niveaux, ni les divers moments de l'expression. Mais je sais que la cohérence d'un discours

ne peut pas tout devoir à la confiance de son interprète. J'en ai même en plus que ma part et de cela je dois vous redire merci.

Vous avez certes pa té infiniment plus à Heidegger, mais son crédit intellectuel justifié certainement cet infini. Et pourtant faut-il toujours le croire quand il échappe à ses créditeurs prétextant que la parole pas les délivre avait un sens encore inconnu(s) ... Est-il toujours été fidèle à lui-même? Est-il sûr notamment qu'il le reste à l'Unheimlichkeit de Sein un été sans s'être laissé contaminer, dans son lieu de la dernière par Blut und Boden?

Je pense que ces questions ne vous irriteront pas. Je serais mal venu vous reprocher quoi que ce soit après le travail considérable dont vous avez pris la peine et où, surtout de vous restez ami. je ne voudrais que cet ouvrage Croyez à mes pensées et à mon admiration inaltérée

요. 당신이 수고 끝에 내놓은 이 존경할 만한 작업을 두고 내가 어떤 것으로든 당신을 비난할 자격은 없을 겁니다. 이 작업의 페이지마다 우리는 친구로 머물고 있지요. 내 저작에 관해 더 해명하려 하면서 내가 다시 말할 것은 이 저작 자체밖에 없어요. 난 약간 지쳤나 봅니다. 감사의 마음과 변함없는 감탄의 인사를 보내며.

에마뉘엘 레비나스

(여기 복사된 페이지의 가장자리에 쓰인 마지막 문장은 해독이 불가능하다.)(출처: *Lire Totalité et Infini d'Emmanuel Levinas - Études et interprétations*, Textes réunis et présentés par Danielle Cohen-Levinas, Hermann, 2011, pp. 213 f.)

『전체성과 무한』(1961)은 레비나스의 출세작이다. 그 전에도『존재에서 존재자로』(1947), 『시간과 타자』(1947) 같은 몇몇 저작이 있었지만, 크게 주목받지 못했다. 레비나스가 1906년생이니까, 딱 지금 내 나이 때쯤『전체성과 무한』을 펴낸 셈이다. 내가 대학에 들어와 처음 철학 강의를 들었을 때, 그 강의를 하시던 선생님이 칸트가『순수이성비판』(1781)을 57세에 출간했다고 하면서 자신은 아직 그 나이가 안 되었음을 농담 삼아 강조하시던 게 생각난다. (이 선생님은 수년 전에 돌아가셨다.)

레비나스는 이 책을 오래, 애써서 준비했다. 단숨에 쓴 것이 아니고 각 부분 부분을 여러 번 고쳐 썼다. 이 점은 레비나스를 도와 원고 타이핑을 했던 테레즈 골드스타인의 말을 통해서도 알 수 있다. 쉽게 읽히지는 않는 책이지만, 주의를 기울여 따라가 보면, 저자의 고되고 세심한 사유 노동이 집적된 흔적을 단락 단락에서, 각 문장에서, 단어와 단어의 연결에서 발견할 수 있다. 그 호흡은 확실히 자신의 리듬을 가지고 있고, 테레즈의 말처럼 음악적이기까지 하다. 다섯 악장 또는 네 악장으로 이루어진 진중하고 근사한 울림의 협주곡 — 비유컨대, 이렇게 말해도 좋을 것 같다.

네 악장일 수도 있는 이유는, 이 책의 다섯 번째 부분인 '결론'이 앞선 네 부분의 총괄적인 요약이라고 할 수 있고, 그래서 일종의 부록처럼 따로 떼어놓아도 괜찮을 듯하기 때문이다. 협주곡이라고 할 수 있는 이유는, 레비나스가 자신의 주장을 제시하고 있을 뿐 아니라 거기에 대해 스스로 다른 사람들의 입장에서 의문이나 비판을 제기하며 또 이를 반박하는 모습을 보이기 때문이다. 마치 독주자와 오케스트라가 대화를 주고받는 것 같다. 어떤 악기의 협주곡이라고 해야 어울릴까? 얼핏 떠오르는 것은 첼로다. 가볍지 않게 심금을 울리는 느낌이 레비나스 철학과 잘 맞지 싶다.

1부의 제목은 '동일자와 타자'다. 『전체성과 무한』 중에서 1부가 아마 가장 '전체성과 무한'다울 것이다. '전체성과 무한'에 어울리는 전체 주제가 잘 제시되어 있다는 점에서 그렇고, 또 이 책의 독자적 특성을 잘 드러내준다는 점에서도 그렇다. 사실, 3부와 4부에는 이전 저작에 제시되어 있던(특히 『시간과 타자』에서) 개념이나 내용을 이어받아 발전시킨 대목이 적지 않다. 3부 '얼굴과 외재성'에서 중심 개념인 얼굴, 4부 '얼굴 너머'에 나오는 에로스, 번식성, 자식성 등이 그렇다. 물론 이 개념들도 1부에서 제시된 주제에 따라 타자와의 관계라는 맥락 속에서 변주된다.

2부도 흥미로운 부분이다. '내면성과 경제'가 제목인데, 『전체성과 무한』의 부제가 '외재성에 대한 에세이'라는 점에서도 짐작할 수 있듯이, 이 2부는 전체 주제를 이면裏面에서 받쳐주는 역할을 한다.**33** 향유, 거주, 노동, 작품 등의 개념이 등장하고 소외 문제에 해당할 법한 내용의 전개도 눈에 띈다. 이 부분에 대한 서술에서는 특히 헤겔, 마르크스의 영향을 엿볼 수 있다. 물론 더 비중 있는 배경을 이루는 것은, 이 책 전반이 그렇듯이, 하이데거의 영향이며 그에 대한 비판이다. 어떻든, 1부의 주제가 장중하고 숭고한 느낌을 준다면, 2부에서는 상대적이나마 밝고 경쾌한 인상을 받을 수 있다. 이후 레비나스가 이런 주제들을 집중적으로 다룬 경우는 찾기 어렵다.

요컨대, 『전체성과 무한』의 구성은 단순하지도 평면적이지도 않다. 여러 겹의 세월을 거쳐 형성된 다양한 조각들을 재료로 짜인 복합적인 작품이라 할 만하다. 그러나 하나의 작품이다. 그 특색을 잘 드러내는 부분은 1부라고 말했지만, 1부만 읽고서는 이 책의 진면목을 알기 힘들다. 카덴차가 달린 4악장짜리 곡을 1악장만 듣고 제대로 감상했다고 할 수 없는 것과 마찬가지다. 그 풍부한 울림을 고스란히 만나고 싶으면 어차피 다 들어보고 다 읽어보아야 한다. 철학적 고전에 대한 해설은 자칫 잘못하면 몇몇 주제 선율의 샘플링이나 컬러링 같은 것이 되기 쉽다.

내 중학교 때 음악 선생님은 우리가 클래식 음악을 계속 듣는 이유를 이렇게 설명했다. 같은 영화를 자꾸 보게 되지는 않지만, 같은 음악은 반복해서 듣는다. 유행가는 금방 싫증이 나지만, 클래식 음악은 그렇지 않다. 그 까닭은 뭘까? 전부를 기억하지 못해서다. 영화는 장면 장면이 쉽게 머리에 남지만 클래식

33 내면성은 intériorité의 번역이고 외재성은 extériorité의 번역이니까, 원어를 보면 이 둘이 쌍 개념임을 쉽게 알 수 있다. 그럼, 왜 번역을 내재성, 외재성이라고 하지 않았을까? 보통 내재성으로 번역되는 말은 immanence이기 때문이다. 이 immanence는 주로 초월(transcendance)과 대립되는 말로 쓰인다. 내용상으로는 transcendance와 intériorité가, 또 immannece와 intériorité가 상통하므로, 사실 혼용한다고 해서 큰 문제는 없을 것 같다. 또 intériorité/extériorité를 내면성/외면성이라고 써도 괜찮을 듯싶지만, '외면성에 대한 에세이'라고 하니 느낌상 어색한 면이 없진 않다. 그러나 레비나스가 이후 '존재' 및 '존재성'에 대한 비판을 강화한다는 점을 염두에 둔다면, 외면성이라는 역어가 더 나을 것 같기도 하다. 사실, 어떻게 해야 할까 고민스럽다.

타자와 욕망

음악은 안 그렇다. 어제 들었는데, 듣지 못했던 것 같은 음이 오늘은 들린다. 내일은 또 오늘 못 들은 것 같은 소리를 들을 수 있다. 같은 음악이지만 같지 않다. 같은 음악이지만 새롭다.

아마 꼭 기억 때문만은 아닐 것이다. 그 선생님은 음악대학을 졸업한 지 얼마 되지 않은 총각 선생님이셨다. 게다가 중학생 아이들이 알아듣기 쉬우라고 한 설명이다. 악보를 외우고 있는 음악가도 그 음악에서 새로운 면모를 발견하기도 하는 걸 보면 기억의 문제라기보다는 이해의 문제일 법도 하다. 시각의 명료성에 대비되는 청각의 상대적 불명료성도 영향을 줄 것 같다. 아무튼 이렇게 늘 새롭게 다가오는 면모가 있다는 점은 클래식 음악뿐 아니라 고전의 반열에 오른 철학책에도 잘 들어맞는다. 『전체성과 무한』도 좋은 예가 아닌가 한다.

그런데 사실 레비나스는 음악에 별로 호의적이지 않았다. 음악만이 아니라 예술 전반에 대해 그랬다. 예술은 근본적으로 이미지이고 재현이며, 따라서 레비나스 자신이 내세우는 진정한 관계인 타자와의 관계에 이르지 못한다는 것이 그 주된 이유였다. 그에게 예술의 원형은 조형造型이다. 음악은 좀 다르지 않을까 싶지만, 그래봐야 정도 차이일 뿐이다. 형식을 파괴하거나 넘어서고자 하는 현대 음악도 레비나스에게서는 합격점을 받지 못한다.**34** 그러므로 레비나스

34 레비나스는 『존재와 달리 또는 존재성을 넘어』에서 그리스 출신 작곡가 크세나키스(Xenakis)의 첼로 독주곡 〈노모스 알파(Nomos alpha)〉를 다소 긍정적인 맥락에서 언급하기는 한다. *Autrement qu'être ou au-delà de l'essence*, Nijhoff, 1974, p. 52 이하. (이 음악은 유튜브를 통해 쉽게 들어볼 수 있다. https://www.youtube.com/watch?v=RZ08Qrk4fTc) 하지만 레비나스에 따르면, 한껏 유동적인 음악이라도 그 자체로 존재성(essence)을 넘어설 수 있는 것은 아니다.

의 저작을 음악에 견주는 것을 레비나스가 기꺼워하지는 않았을 것 같다.

하지만 레비나스의 저작도 그의 표현을 빌리자면 하나의 '작품' œuvre이다. 그런 점에서 『전체성과 무한』 역시 일종의 조형물에 해당한다고 볼 수 있다. 물론 레비나스는 자신의 말을 고정된 것으로 받아들이지 말라고 「서문」에서부터 당부한다. 언어의 본질이란 말한 것을 취소하고 다시 말하는 데 있다는 것이다. 이렇게 보면 레비나스의 책은 자신의 조형성을 넘어서라는 메시지를 담고 있는 조형물인 셈이다. 다시 한번 음악의 비유를 사용하자면, 악보에 얽매이지 말고 매번 새롭게 해석하여 연주하고 감상할 것을 당부하는 악보라고나 할까.

어쩌다 보니 음악 얘기를 끼워 넣게 되었으나, 실은 내가 음치에 가깝다는 점을 밝히는 게 옳겠다. 클래식 음악 방송을 틀어놓고 있는 때가 많으나 그저 익숙해진 배경으로서일 뿐, 무슨 음악이 무슨 음악인지 아직도 잘 모른다. 그래서 계속 듣고 있는 것일까? 내가 『전체성과 무한』을, 레비나스의 철학을 여태껏 붙잡고 있는 것도 그래서일까?

Ⅱ

잘 몰라도 끌리는 음악이 있듯이, 철학에도 그런 면이 있다. 적어도 내게 레비나스 철학은 그랬다. 『전체성과 무한』을 처음 읽기 시작한 것은 지금부터 20년 전쯤 되는데, 그때 일산에서 수원까지 강의하러 다니던 전철 안에서 그 책을 읽었던 기억이 있다. 아마 단편적인 몇 몇 구절들만 머리에 들어왔을 것이다. 그래도 꾸준히 읽었으니 무언가에 끌리긴 끌리지 않았겠는가. 나는 그것이 신자유주의 비판과 관련이 있다고 스스로 설명하곤 했다.[35] 그러나 과연 그것뿐이었을까?

요즘 와서 가끔 드는 생각은 혹시 그 끌림이 낯섦에 대한 감수성과 관계있지 않았을까 하는 것이다. 낯섦에 대한 감수성 — 이런 용어가 레비나스에게서 직접 등장하지는 않는다. 하지만 레비나스에게서 타자는 낯선 자고, 레비나스가 말하는 감성 내지 감수성은 타자에 대한 것이다. 어쩌면 '낯설다'는 우리말이 'étranger(strange)'라는 서양어보다 레비나스적 타자에 더 어울리는 면이 있는 것 같다. '낯설다'의 낯이란 레비나스가 타자와 관련해 강조해 마지않는 얼굴이 아닌가.

타자의 얼굴, 낯선 얼굴은 낯선 낯이다. 레비나스는 이 낯선 낯을 맞아들이고 환대하라고 한다. 타자의, 낯선 이의, 낯선 얼굴의, 낯선 낯의 호소에 응답하라고 한다. 그런데 왜 하필이면 낯선 얼굴, 낯선 낯인가? 레비나스에 따르면, 낯선 얼굴의 호소에 응답하는 것이 책임이고 선함이다. 또 이 선함은 타자를 향한 욕망과 통한다. 그렇다면 타자는 선이라 할 수 있지 않을까? 낯섦이 선이라고 할 수 있지 않을까?

낯섦이 선이다 — 그런데 과연 이렇게 말할 수 있

35 졸저, 『배제의 배제와 환대』(2000), 『해체와 윤리』(2012).

는가? 오히려 낯섦은 위험과 불안을 내포하는 것이고, 그래서 부정적인 것, 선(좋음)과 반대되는 것이 아닌가? 실제로 인간의 역사에서 낯섦은 대부분 두려움과 기피의 대상이었다. 소규모 집단생활을 하던 수만 년의 기간 동안 인간의 삶은 익숙한 영역 속에서, 서로 잘 아는 이들 사이에서 꾸려졌다. 낯선 이는 경계해야 할 위험이었다. 자기 무리의 영역을 벗어난 낯선 지역으로 들어가는 것은 죽음을 무릅쓴 모험이었다.[36]

물론 지금은 그렇지 않다. 오늘날 우리는 하루에도 무수히 많은 낯선 사람들과 마주친다. 그리고 그렇게 만나는 사람들보다 훨씬 많은 사람들이 나의 삶에 관계하고 있다. 현대의 삶은 낯선 이들과 얽혀 있는 삶이다. 낯선 이들은 이제 더 이상 위험한 존재로만 여겨지지 않는다. 오히려 낯선 이는 나의 잠재적 고객이다. 그는 나의 상품을, 나의 노동력을 사줄 수 있고, 또 내가 필요로 하는 상품들을 내게 팔 수 있다. 그래서 낯선 이는 이제 욕망의 대상이고 낯섦은 선이 된다. 그런가?

천만에. 낯선 이들은 여전히 불편하다. 그래서 숱한 낯선 이들을 상대하며 빵긋빵긋 웃어야 하는 감정노동은 스트레스 덩어리다. 우리의 생활환경은 낯선 이들과 얽혀 있지만, 감정을 비롯한 우리의 됨됨이는 그런 형편을 잘 따라가지 못한다. 낯선 이에게 친절하라. 얼굴을 마주하는 한 사람 한 사람에게 마음과 정성을 다하라. 이건 실행하기 어려운 주문이다. 비록 그 낯선 얼굴 뒤에 보편적 가치와 질서가, 세

36 재레드 다이아몬드, 『어제까지의 세계』, 강주헌 옮김, 김영사. 2013, 75쪽 이하 참조.

타자와 욕망

종대왕이나 신사임당의 얼굴이 도사리고 있다고 하더라도 그렇다.

그래도 낯섦의 처지가 달라진 것은 확실하다. 위협적인 면모를 상당히 벗어던졌다는 것은 큰 변화다. 이런 변화가 일반적인 환경이 된 이상, 낯섦에 대한 감수성이 바뀌는 것도 당연해 보인다. 우리는 낯섦에 낯설지 않게 되었다. 낯익지 않은 사람들과 더불어 살아가는 분위기에 낯이 익은 셈이다. 도시적 감수성이 자리 잡았다. 여러분은 혹시 친숙하고 낯익은 사람들이 지겨워져서 차라리 잠시라도 낯선 이들 가운데로 도망치고 싶은 때가 없는가? 무심히 스쳐 지나가거나 잠깐잠깐 단편적인 관계를 맺는 익명적인 사람들 가운데서 오히려 마음을 놓게 되는 때가 없는가?

물론 이런 낯섦은 레비나스적인 낯섦이나 다름이 아니다. 그의 시각으로 보면 그것은 기껏해야 동일자에 부착된 무차별성일 따름이다. 그렇지만 나는 레비나스의 윤리가 갖는 호소력을 이해하는 배경으로 이런 낯섦의 무장해제된 일반화를 고려할 수 있다고 생각한다. 낯선 자나 타자는 우리가 맞아들이고 응답해야 할 상대라기보다 마땅히 경계해야 할 침탈자일 수 있다는 지적이 얼마나 많았는가?**37** 물론 낯섦의 위험은 아직 존재한다. 그러나 우리가 낯선 자에게 위해를 당할 가능성은 친숙한 자에게 당할 가능성보다 현저히 낮다.**38**

황석영의 소설 『손님』(2001)을 보면, 우리 역사에서 한동안 천연두가 '손님'이라는 명칭으로 불렸다는 얘기가 나온다. 반갑지 않은 손님이고 자주 찾아와 아

37 대표적으로 리처드 커니(『이방인, 신, 괴물』), 슬라보예 지젝(『이웃』) 등.
38 폭력에 관한 연구 책자에서는 이런 지적을 흔히 찾아볼 수 있다. 예컨대 데이비드 버스, 『이웃집 살인마』, 홍승효 옮김, 사이언스북스, 46쪽 참조.

주 낯설지도 않은 손님이다. 그래도 손님이었던 이유는 적극적으로 막을 방도가 없어서였다. 막을 수 없는 위력을 낮춰 부를 수 없는 노릇이었을 것이다. 김광태 감독의 2015년 영화 〈손님〉에서도 손님은 낯설고 반갑지 않은 방문자다. 우리에게 출몰하고 때로 매우 위협적인 영향을 주지만 우리가 제어할 수 없는 타자 ─ 그러나 이런 타자의 면모는 레비나스에게서 부각되지 않는다. 오늘날 우리에게도 그런 타자의 모습은 예전만큼 흔치 않다.

낯섦의 위험성에 대한 소거가 지나치다고 말할 수는 있다. 그러나 오늘날 낯섦이 문제가 될 때 그 초점이 과연 위험성에 있을까? 이미 소외의 문제의식은 내부화한 낯섦을 다룬다. 헤겔에서 소외, 즉 낯설게 함Entfremdung이란 주체의 외화外化;Entäußerung가 자귀복귀하지 못한 사태를 가리킨다. 이미 말했듯 레비나스는 『전체성과 무한』 2부에서 이런 면모를 내면성의 전개 과정 중에 담아낸다.**39** 이 같은 소외는 동일성 내부의 문제다. 자본의 폭력적 낯섦이건 관료제의 폭력적 낯섦이건, 그것은 왜곡의 소산이고 지양의 대상이며, 따라서 잠정적인 낯섦, 결국 낯설어서는 안 되는 낯섦이다.

낯섦의 내부화가 낯섦에 대한 감수성을 키우는 배경이었다고 할 때 내가 염두에 두는 것은, 내적 낯섦과 외적 낯섦을 연결하는 선線이다. 대부분의 위험은 내적인 것이 되었고, 외적 낯섦의 타자는 이제 내적 폭력을 행사할 수 있는 힘의 원천에서 벗어나 있는 것으로 취급된다. 낯선 자, 타자는 약한 자, 가지지 못한 자다. 아감벤의 호모 사케르를 떠올려도 좋다. 국외자, 제도

39 특히 150쪽 이하 참조.

타자와 욕망

밖의 약자, 난민, 이런 이들이 낯선 자고 타자다.

Ⅲ

낯섦의 감수성에는 보다 적극적인 면도 있다. 레비나스의 놀라운, 그리고 내가 보기에 매우 현대적인 명제는 타자가, 낯선 자가 이웃이라는 것이다. 물론 모든 타자가 이웃은 아니다. 그러나 타자가 내게 나타나는 방식은 이웃으로 다가오는 데 있다. 모든 타자는 이웃이 될 수 있다. 모든 타자가 현재 내 이웃이 아닌 것은 내가 한정되어 있는 까닭이다. 그러나 현재의 내 이웃은 모두 타자고 낯선 자다. 그는 유한을 벗어난다. 낯섦은 언제나 내 곁에 다가와 있고, 이 낯섦은 긍정적 가치를 지닌다.

내 친구나 가족에게서도 낯선 면을 발견할 수 있겠지만, 그런 낯섦이 개념으로 자리 잡는 데에는 실제로 대하는 낯선 이웃들이 우리의 감성에 준 영향이 클 것이다. 친숙한 면에서 낯선 면으로가 아니라, 낯선 면에서 친숙한 면으로의 진행. 이것은 일종의 방향 전환이다. 나로부터 가족, 친지, 지역, 국가, 세계로 ― 이런 확장의 원심성으로부터의 탈피다. 유교적 윤리 또는 흄식의 동정심 윤리로부터의 방향 전환이다. 낯섦이, 타자성이 내게 파고든다. 내게 다가온 타자, 내 이웃인 타자는 아득한 낯섦을 지닌다.

저 사람은 나와 가깝고 나와 비슷하고 나와 밀접한 관계를 맺고 있기 때문에 소중하고 가치롭다, 저들은 우리와 같은 습관을 가지고 우리와 같은 말을 쓰고 우리와 생김새가 유사하기 때문에 우리가 마땅히 관심을 가져야 하고 도와야 한다 — 오랫동안 당연한 것이었던 이런 생각이 도전을 받는다. 가깝고 친숙한 자들은 멀고 낯설어지며, 멀고 낯선 자들이 이웃으로 다가와 대면의 상대가 된다. 전 세계의 모든 사람들이 잠재적 이웃인 오늘의 상황은 우리에게 낯섦에 대한 새로운 윤리를 요구하고 있다.

이런 오늘의 처지를 일러 '섞임의 시대'라고 표현할 수도 있겠다. 섞임은 이전에도 국지적으로 또 부분적으로 있었으나, 이제는 일상적이 되었고 더욱 가속화하고 있다. 150명 남짓한 집단의 규모로 수만 년을 살아온 인류에게 이 같은 섞임은 새로운 도전이다. 상품의 섞임, 문화의 섞임, 언어의 섞임, 정보의 섞임, 유전자의 섞임, 인간과 기계의 섞임……. 이러한 섞임을 구래의 정체성을 고수하는 방식으로는 감당하기 어렵다.

물론 섞임 자체가 선은 아니다. 이제껏 섞임은 대부분 지배-피지배와 불균형을 수반했다. 그렇다고 섞임을 마냥 피할 수는 없다. 고립의 결과는 대개 비참하기 때문이다. 내적 힘을 키우고 나서 합류하겠다는 방침은 선별적 섞임을 추구하겠다는 보다 개방적인 지향과 섞일 수 있다. 이미 낡은 감이 있는 자유주의-공동체주의 논란은 이런 섞임 내의 길항작용을 반영한다. 자유를 내세운 교류를 통해 우리 삶이 풍부해질 수도 있지만, 막강한 개인주의자 집단에 잡아먹힐 게 뻔한데 무턱대고 문을 여는 것은 바보짓이다.

그러나 때로는 섞임을 막는 것이 불선이고 악이다. 기존의 질서

　　　　　　　　　　　　　　　　　　타자와 욕망

를 고수하려는 가진 자들이 외부의 약자들을 내칠 때 특히 그렇다. 난민의 예가 가장 알기 쉽지만, 불법이민으로 규정받고 있는 많은 사례들도 따지고 보면 집단적 배타성의 소치라고 할 수 있다. 법적 규제는 인위적인 것이고 집단적 필요에 따른 것이며, 절대로 절대적이거나 보편적이 아니다.**40** 생각해보라, 북미는 언제부터 지금 주민들의 땅이었는가. 그 지역의 번영은 지금 주민들의 힘에 의한 것만이 아닐 텐데, 그들만이 배타적으로 혜택을 누려야 할 이유는 무엇인가? 해당 지역의 규율과 질서를 지킬 용의가 있는 사람들이 그 지역에서 살지 못할 까닭은 무엇인가?

물론 우리는 집단적 이해관계와 그것을 뒷받침하는 힘의 관계를 무시할 수 없음을 잘 안다. 그러나 바로 그렇기 때문에, 흔히 비현실적이라는 지적을 받는 레비나스식의 윤리에 대한 요구가 있는 것이다. 레비나스의 철학은 우리가 맞아들여야 할 낯선 자, 즉 타자의 특성을 한정해줌으로써, 어떤 섞임이 바람직한 섞임이고 어떤 섞임이 그렇지 않은가의 기준을 제공해준다. 레비나스가 말하는 타자는 힘을 가진 침탈자가 아니라 약한 자고 헐벗은 자다.

그런데 여기서 잠깐 생각해보자. 나는 방금 레비나스가 타자의 특성을 한정한다고 말했다. 하지만 모두가 잘 알다시피 레비나스는 타자를 무한과 연결 짓지 않는가. 그렇다면 어떻게 한정限定된 타자가 또한 무한無限한 타자일 수 있는가?

타자가 한정을 벗어난다고, 우리의 앎과 지배력이 관장하는 범위를 벗어난다고 봄으로써다. 이것도

40 이런 점을 알기 쉽게 설파하고 있는 인상적인 책으로 유발 하라리, 『사피엔스』, 조현욱 옮김, 김영사, 2015 참조.

한정이 아니냐고? 물론 그렇다. 그러나 그것은 사유가 우리에게서 출발하는 한, 즉 한정된 자리에서 출발하는 한 피할 수 없는 제약이다. 헤겔은 유한을 포섭하는 진무한을 유한과 대립하는 악무한과 구별하지만, 그것 또한 개념적 한정이다. 데리다의 지적처럼, 우리의 언어는 한정된 맥락과 한정된 의미를 벗어날 길이 없다. 문제는 이를 통해 어떤 방향을 가리키는가다. 때로 우리의 언어는 양적 규정을 벗어난 벡터처럼 작용한다.

프랑스의 소설가 로맹 가리는 "인권이란 바로 약할 권리를 옹호하는 것"**41**이라고 말한다. 그는 이 약함에 대한 강조를 여성성과, 또 기독교와 연결시킨다. 예수야말로 서양 역사에서 약함으로서의 여성성을 중요한 가치로 내세운 최초의 인물이었으며, 작품 활동을 통해 드러난 로맹 가리 자신의 궁극적 관심도 — 여성이 아니라 — 이 여성성에 있었다고 한다. 만일 그의 말이 맞는다면, 레비나스는 지향해야 할 가치로 약함을 내세운 독특한 사상적 계보에서 낯섦을 부각시킨 인물이 되는 셈이다. 그러나 레비나스에게서 낯섦은 여성성과 결합되지 않는다.

레비나스에게서 낯섦은 초월적이지만, 여성성은 그렇다고 보기 어렵다. 여성성은 내면성의 계기다. 『전체성과 무한』에 나오는 에로스에 대한 매우 아름다운 서술 속에서 여성적인 것은 약함으로 묘사되기도 한다. 하지만 초월로 연결되지는 않는다. 여성적인 것은 존재 너머가 아니라 아직 존재하지 않은 것과 관계하며, 표현이나

41 로맹 가리, 『내 삶의 의미』, 백선희 옮김, 문학과지성사, 2015, 117쪽. 또 로맹 가리, 『밤은 고요하리라』, 백선희 옮김, 마음산책, 2014, 193쪽 이하 참조.

의미가 아니라 표현에 이르지 못하는 비-의미와 관계한다. 여성성에 대한 레비나스의 시각에는 뚜렷한 한계가 있다. 여성성은 내밀하지만 낯설지 않다. 타자가 여성일 수는 있지만, 타자가 타자인 것은 여성성 때문이 아니다.

Ⅳ

낯섦에 관한 레비나스의 함축 가운데 가장 받아들이기 어려운 것이 낯섦의 지고함일 것이다. 낯선 자가 이웃이고, 낯섦이 내게 파고든다는 것 정도야 현대의 상황과 어울러 이해할 수 있다 치자. 또 우리가 맞아들여야 할 낯선 자가 약자라는 주장도 납득할 수 있다 치자. 그러나 낯선 자가 지고한 자라는 설정은 아무래도 억지가 아닌가? 그것은 낯선 자를 받아들여야 할 정당성을 확보하기 위해 놓은 길인 것 같다. 설사 그렇더라도 그런 길을 닦을 수 있는 지반은 과연 단단한가?

　얼마나 단단한지는 파헤쳐봐야 알겠으나, 그 지반 자체가 생소해 보이지는 않는다. 낯섦-타자-무한-신, 이런 계열은 우리에게도 얼마간 익숙한 것이다. 여기에 약자로서의 낯선 자를 대입하면, 낯선 이를 무한 또는 신의 지고함과 연결시킬 수 있다. 이런 방책은 로맹 가리의 말대로 예수와 기독교의 전통을 떠올리게 한다. 레비나스는 유대교를 기반으로 이런 낡은 프로그램의 새 버전을 구축하려 했던 것일까?

나는 우리 사회에서도 레비나스를 수용하는 바탕에 종교적 감성이나 정서가 자리 잡고 있다는 것을 부인할 생각은 없다. 그러나 이 같은 면을 조금 비껴나서도 레비나스의 견지는 설득력을 가질 수 있다고 본다. 레비나스 자신도 『전체성과 무한』에서 철학적 초월을 종교적 초월과 구분하며(19쪽), …… 철학적 견지에서 종교를 새롭게 정의한다. "우리는 전체성을 구성하지 않은 채 동일자와 타자 사이에 수립되는 유대를 종교라 부르고자 한다."(10쪽) 신앙에 의거하지 않고 사유를 통해 유한자로서의 나와 무한한 타자 사이의 관계를 해명할 수 있다는 것이다.

사실, 우리가 세상에 비해 너무너무 작고 무력하며 게다가 한시적이어서 제아무리 잘났다고 날뛰어봐야 결국 비루한 존재에 그칠 수밖에 없음을 확인하는 데는 그렇게 대단한 사유의 노력이 필요치 않다. 소설가 김연수는, 무릇 인간의 이야기란 이러저런 됨됨이를 갖춘 사람들이 자기에게 없는 것을 추구하다 세상의 온갖 방해를 만나 생고생을 하는 데서 생겨나는 것이라고 한다.[42] 생고생을 하는 우여곡절이 펼쳐지는 건 소설이건 영화건 다 마찬가지다. "파도가 바다의 일이라면", 넓고 험난한 세상에서 생고생하는 것이 인간의 일이다. 원하는 바와 세상의 조건이 맞지 않아서다.

그렇다면 우리가 무한해 보이는 바깥세상을 경외하는 것은 당연한 것일 수 있다. 인간으로 살아가는 이상 생고생을 피할 순 없다 하더라도, 외부와의 관계가 어떠냐에 따라 그 고생의 질과 강도가 달라지기 때문이다. 우리에

[42] 김연수, 『소설가의 일』, 문학동네, 2014, 40쪽, 또 58쪽 참조.

타자와 욕망

게 막대한 영향을 주지만 우리가 잘 모르고 그래서 뜻대로 할 수 없는 세상의 요소나 특성이 높임과 관심을 받는다. 자연적 힘이든 운명의 힘이든 우리는 이런 신적 위력과 연결을 꾀한다. 상상과 의례를 통한 주고받음이, 일종의 거래가 이루어진다. 흥미로운 것은 이런 거래를 통해 실제로 격이 높아지는 것은 우리라는 점이다. 우리는 상상적 연결을 거쳐 다른 것들과 다른 차별화한 존재가, 특권적 아이덴티티를 가진 존재가 된다.**43**

철학이라고 이런 술책에서 자유롭지는 않다. 레비나스는 대표적으로 하이데거 철학이, 나아가서는 서양 철학 전반이 이 같은 모습을 보여준다고 주장한다. 하이데거의 현존재Dasein는 존재 이해의 능력을 가진 특권적 존재이고, 존재Sein란 이 연결을 통해 동일성을 부여받은 세속화한 신적 본성에 해당한다. 아무리 존재 쪽에서의 우선성을 내세운다고 해도 레비나스가 보기에 그것은 동일자의 원심적인 자기 확장이라는 기본 방향을 보완하는 내밀한 거래에 지나지 않는다. 거기에 진짜 바깥은, 진짜 타자는 없다.

그러나 생고생하며 살아가는 사람들이 자기 확장을 해나가는 것이 뭐가 문제인가? 그것은 자신에게 익숙한 영역을 늘려서 고생을 줄이려는 지극히 정상적인 시도가 아닌가? 물론 한편에서는 그렇다고 할 수 있다. 레비나스 자신도 『전체성과 무한』에서 인간이 삶의 불안정성을 극복하기 위해 집을 짓고 노동을 하여 소유물을 쌓아가는 과정을 그려낸다. 이러한 과정은 철학적 사유 자체에도 반영되기 마련

43 이런 점들에 대한 흥미로운 서술로, 유발 하라리, 『사피엔스』, 앞의 책, 301쪽 이하 참조.

이다. 하지만 이것만으로는 곤란하다. 이것만으로는 생고생이 그치질 않을 뿐 아니라 더 악화될 공산이 있기 때문이다.

그 이유를 새삼 설명할 필요가 있을까? 인간의 자기 확장은 온 지구를 뒤덮었다. 그 과정에서 대규모 살육이 거푸 일어났고 그런 위험은 아직 상존한다. 이 확장된 영역, 또 확장 가능하다고 여겨지는 영역이 레비나스가 말하는 전체성을 이룬다. 이 전체는 언제나 유한한 전체다. 한껏 닫아걸어 봐야 그 같은 폐쇄가 이룩하는 것은 잠정적 전체일 뿐, 한계 바깥을 제거할 수는 없다. 게다가 바깥은 이미 동일성 내부에 삼투해 있다. 동일화 과정은 타자를 전제한 것인데다 다름에 대한 완전한 배제와 소거는 불가능하기 때문이다.

좋다, 그렇다 치자. 인간 문명의 자기 확장이 양적으로나 질적으로 한계를 가질 수밖에 없음을 인정하는 것은 어려운 일도 새로운 일도 아니다. 동일자의 외부건 또는 내부에 삼투해 있는 다름이건, 그런 면모를 타자라 부른다 치자. 또 그런 타자가 우리에게 낯설게 다가온다고 치자. 그런데 왜 그 같은 낯선 타자가 지고한가? 왜 우리는 낯선 자를 한없이 높은 자로 대하고 그에게 응답하는 책임을 져야 하는가?

나는 우리가 그런 태도를 취하지 않을 수 있다는 점을 부인할 생각이 없다. 실제로 우리는 대부분 그렇게 살지 않고 있으므로. 또 나는 '다른 것'과 '다른 자'가 레비나스가 말하는 타자에 혼융되어 있음을, 그가 때로 타인autrui이라는 말을 사용함으로써 이를 구분하고 있지만 타자에서 타인으로 넘어가거나 연결 짓는 계기가 충분히 해

타자와 욕망

명되지 않고 있다는 점을 부인할 생각도 없다. 나는 여기서 다만, 레비나스를 간접적으로 옹호하기 위해, 그가『전체성과 무한』의 앞부분에서 한껏 부각시킨 욕망Désir에 대해 잠시 생각해보고자 한다.

자기에게 없는 것을 추구하는 성향이 욕망이라면 우리는 욕망 때문에 생고생을 하는 셈이다. 그런데 내게 없는 것에는 두 종류가 있다. 내게 부족하거나 결핍된 것이 하나고, 내게 부족하거나 결핍되었다고 할 순 없지만 내게 없는 것이 다른 하나다. 전자를 추구하는 것이 욕구 또는 욕망이고, 후자를 추구하는 것은 '형이상학적' 욕망 또는 욕망이다. 전자는 나와 같은 차원에 있는 것인 반면, 후자는 나와 같은 차원에 있지 않다. 그래서 높다. 낮을 수도 있지 않느냐고? 글쎄, 보기에 따라선⋯⋯ 하지만 정말 만일 낮은 것이라면, 우리가 무엇 때문에 그딴 걸 추구하겠는가?

V

"좋음에 대한 욕망, 우리가 욕망하기 때문에 좋은 것이 아니라 좋기 때문에 우리가 욕망하지 않을 수 없는 그런 타자에 대한 욕망",[44] 이것이 레비나스가 말하는 욕망이다. 높음은 좋음善의 한 특성이라 할 수 있다. 중요한 것은 이 욕망에서는 가치의 기준이 나에게 있는 것이 아니라 타자에 있다는 점이다. 그런데, 좀 이상하다. 좋음의 기준이 타자에 있다면, 우리는 그것이 좋다는 것을 어떻게 아는가?

44 졸고,「해체와 윤리」, 그린비, 2012, 281쪽.

우리는 타자에 대해 잘 모른다. 그렇기에 타자가 아닌가. 따라서 좋은지 안 좋은지도 잘 모른다고 봐야 한다. 그런데 어떻게 우리는 타자를 욕망할 수 있는가? 좋은지 안 좋은지도 모르면서 좋아한다는 것은 실로 어리석은 짓이 아닌가? 그나마 좋음의 기준이 우리의 필요나 요구에 있을 때에는 짐작으로나마 그 기준에 맞는 타자에 끌릴 수 있다. 하지만 가치의 기준이 타자에게 있고 그래서 그 기준조차 모른다고 할 때, 우리가 어떻게 타자를 욕망(또는 욕망)할 수 있다는 것인가?

"우리는 완전하게 이해하지는 못해도 완전하게 사랑할 수는 있습니다." 영화 〈흐르는 강물처럼〉(1992)에 나왔던 이 대사를 나는 전에도 인용한 적이 있다.[45] 젊은 시절의 브래드 피트가 매력적인, 그러나 말썽쟁이 둘째 아들로 나왔던 영화다. 위험을 두려워하지 않던 그 아들이 죽고 나서 목사인 아버지가 설교할 때 했던 말이다. 이해와 사랑이 반드시 겹치지는 않으며 사랑이 더 근본적임을 드러냈던 장면으로 기억한다. 욕망도 이런 점에서 사랑과 마찬가지일까?

완전하게 사랑한다는 것이 완전한 합치를 뜻하거나 보장하는 것이 아니듯이, 욕망 또한 완전한 만족을 전제하지도 예기豫期하지도 않는다. 레비나스에 따르면, 욕망은 끝내 충족될 수 없다. 오히려 채워지면 채워질수록 더 커지는 것이 그 욕망이다. 중심이나 기준이 내게 있지 않아서다. 그 욕망의 대상인 타자가 동일자인 나와 같은 차원에서 성립하지 않아서다. 요컨대, 무한에 대한 유한의 욕망이라서다.

45 졸고 『철학자 구보 씨의 세상 생각』, 알렙, 2013, 71쪽.

타자와 욕망

무한에 대한 욕망? 에이, 그런 게 어딨어? 이렇게 반응하는 사람은 동일성에, 전체성의 틀에 갇혀 있는 작자다. 운이 좋으면, 아니, 실은 운이 몹시 나쁘면, 이런 태도를 견지하면서 평생을 보낼 수 있을지 모른다. 어차피 누구나 그렇게 길지 않은 시간 동안 살다 가는 거니까. 하지만 언제까지나 무한으로부터, 타자로부터 눈을 돌릴 수는 없다. 무한을 향한 욕망은 무한에 의해 일깨워지기 때문이다.

> 우리는 형이상학을 욕망으로 정립했다. 우리는 욕망을 어떠한 도달점도, 어떠한 만족도 중단시키지 못하는 무한의 '척도'로 묘사했다. 세대의 비연속성—즉 죽음과 번식성—은 욕망으로 하여금 자신의 고유한 주체성의 감옥으로부터 벗어나게 하며, 주체성의 동일성이 지닌 단조로움을 멈추게 한다. 형이상학을 욕망으로 정립하는 것은 존재의 생산—욕망을 낳는 욕망—을 선함으로 해석하는 것이고, 행복 너머의 것으로 해석하는 것이다. 존재의 생산을 타인을 위한 존재로 해석하는 것이다.

이 대목은 『전체성과 무한』의 결론부인 마지막 장의 마지막 절 첫 단락(281쪽)이다. 여기에 따르면, 욕망은 특정한 주체를, 나를 넘어선다. 무한을 향한 이 욕망은 내 개인의 삶에만 국한되는 것이 아니다. 나는 죽지만, 내 자식을 통해 또는 다른 사람을 통해 욕망은 작용한다. 그렇다고 정신이나 민족과 같은 어떤 초개인적 실체를 상정할 필요는 없다. '욕망을 낳는 욕망'이라는 표현에 주목하자. 이것은

'욕망을 낳는 욕망'에 그치지 않는, 그러니까 동일 차원에 머무는 재생산에 그치지 않는, 무한으로 열린 생산이다.

물론 모든 욕망이 꼭 욕망으로 나아가는 것은 아니다. 그런 점에서 '욕망을 낳는 욕망'은 '욕망을 낳을 수 있는 욕망'이라고 표현하는 것이 더 정확할지 모르겠다. 존재의 생산[46]은 따라서 항상 선함인 것은 아니다. 만일 언제나 선함임이 명백하다면 굳이 선함으로 '해석'해야 할 까닭이 있겠는가?

'선함'bonté이란 무엇일까? 그것은 선을, 나아가서 선Bien을 추구함이다. 레비나스는 이를, 자기만족에 머무는 행복 너머로 향하는 것이고, 타인을 위해 존재하는 것이라고 설명한다. 사실 이것은 '착함'에 대한 전통적이고 상식적인 이해에 부합한다.[47] 그러므로 나는 레비나스 철학의 특색을 이렇게 선함을 강조하는 데서 찾는 것은 부족하다고 생각한다. 약함을 높이는 것도 레비나스 고유의 것은 아니다. 앞서 로맹 가리의 경우도 언급했지만, 그것은 니체가 거듭 공격해 마지않았던 기독교의 부분적 특성이기도 하다.

그렇다면 레비나스에 고유한 특색은 무엇일까? 나는 역시 낯섦에 대한 관심과 감수성을 들고 싶다. 오늘날 타자의 지위는 달라졌다. 다르다는 것은, 낯설다는 것은 이전처럼 위협적이 아니다. 낯섦과의 섞임은 일상이 되었고, 피할 수 없는 방향이 되었다. 더구나 현재의 자기를 고집하는 것은 스스로를 갑갑한 한

46 레비나스에서 '생산'은 '이룩함'과 '드러냄'이라는 두 가지 의미를 함께 갖는다. 『전체성과 무한』, XIV쪽 참조.
47 자기 이득을 챙기려고 아득바득하지 않고 다른 사람들을 위하는 품성이 보통은 환영받고 사회적으로 조장된다. 그러나 일방적 착함으로 가득 찬 사회는 이기주의의 공격에 취약하다는 점도 잘 알려져 있다. 일방적 착함만으로는 진화적으로 안정적인 사회 상태를 유지할 수 없다. 착함은 보편화하기 어렵기 때문에 일반적으로 조장된다고 볼 수 있다.

계 속에 가두는 일이고, 결국은 실패할 수밖에 없는 안주安住를 꾀하는 일이다. 낯섦의 위험이 아주 사라진 것은 아니지만, 그 위험은 우리의 한계를 극복하려 할 때 감내해야 할 모험의 일환이다.

"선함은 어떤 명확한 —다시 말해 파노라마적인— 사유도 앞서지 못하는 곳으로 나아가는 데서, 어딘지 알지 못한 채 나아가는 데서 성립한다. 원초적 무모함 속에서의 절대적 모험인 선함은 초월 자체다."(282쪽)

4장　욕망과 혁명

I

"참된 삶은 부재한다." 그러나 우리는 세상 속에 있다. 형이상학은 이런 알리바이에서 출현하고, 이러한 알리바이 속에서 자신을 유지한다. 형이상학은 '다른 데'로, '다르게'로, '다른 것'으로 향한다.

위의 글은 레비나스의 책 『전체성과 무한』 1부의 첫 부분이다. "참된 삶은 부재한다."는 랭보의 시집 『지옥에서 보낸 한 철』(1873)에 나오는 한 구절인데, 이어지는 문장은 "우리는 세상 속에 있지 않다."이다. 그러니까 위 인용문의 "그러나 우리는 세상 속에 있다."도 랭보 시구의 변형인 셈이다. 레비나스는 '있지 않다'를 '있다'로 바꾸어놓았다.**48**

랭보의 이 짧은 두 문장은 「착란 I · 미친 처녀」라는 술회 형식의 산문시에 등장하는데, 이 시는 랭보와 베를렌의 동성애 관계를 묘사한 것으로 알려져 있다. 매력적인, 그러나 악마와 같은, 때로 천사와도 같은 상대. 지옥에 있는 듯한, 그러나 때로는 천국에 있는 듯한, 광기에 휩싸인, 그래서 이 세상 속에 있지 않은 성싶은 애정 관계. 여기서 부재하는 참된 삶이란 아마 통상적이고 정상적인 삶을 가리킬 것이다. 착란과 일탈에 몸을 맡긴 시인은 어쩔 수 없이 저버리게 된 평범한 세상을, 그리고 그 속에서의 일상적 삶을 고통과 회한으로 그리워하는 것일까?

나로서는 랭보의 심정을 그저 짐작해볼 따름이다. '세상 속에 있지 않다'는 경험의 처절함은 사실 떠올리기 쉽지 않다. 탈-세상의 심정이라면 차라리 우리네 시인 백석白石의 익숙한 구절이 공감하기 편하다. "산골로 가는 것은 세상한테 지는 것이 아니다 / 세상 같은 건 더러워 버리는 것이다."[49] 여기선 '세상'에 '참된 삶'이 있을 법하지 않다. 그런 점에서는, 그러니까 '참된 삶'과 '세상'의 관계 면에서는, 오히려 이 시구가 레비나스의 발언에 더 가까워 보인다. 물론 처방은 좀 다르다. 우리가 몸담고 있는 세상, 그러나 참된 삶이 부재하는 이 세상에 만족하지 못하여, 시인은 "눈이 푹푹 쌓이는 밤 […] 깊은 산골"에 상상의 보금자리를 꾸리고, 철학자는 '다른 데'로, '다르게'로, '다른 것'으로, '형이상학'으로 향한다.

세상에 대한 이런 태도를 일종의 도피로만 볼 건

48 랭보의 원문은 La vraie vie est absente. Nous ne sommes pas au monde. 레비나스의 표현은 "La vraie vie est absente." Mais nous sommes au monde.
49 백석, 「나와 나타샤와 흰 당나귀」, 김재용 엮음, 『백석전집』, 2003, 실천문학사, 81쪽.

타자와 욕망

아니다. 우리는 여전히 '세상 속에 있음'을 알기 때문이다. 그래서 가난한 시인은 "혼자 쓸쓸히 앉아 […] 소주燒酒를 마시며", "형이상학적 욕망"을 주창하는 철학자는 우리가 "분리된 존재"의 유한한 처지임을 받아들인다. 욕망을 가지는 자는, 상상을 하는 자는, 천사나 악마가 아니라, 이 땅에 발을 딛고 있는 우리다. 하긴, 백석은 세상을 "더러워 버리는" 것이라 표현하고, 레비나스는 '다른 곳'의 자리에 '종말론적 윤리'를 가져다 놓는다.**50** 그러나 시인은 '푹푹 나리는 눈'으로 더러운 세상을 덮고, 철학자는 타자를 향한 '저편'l'au-delà이 항상 '이편에'en deçà 자리함을 강조한다. 세상을 버린다는 말이나 세상을 넘어선다는 말은, 세상을 외면하거나 방기한다는 뜻이 아니라, 다른 차원을 더하고 겹쳐서 세상을 새롭게 고양하려 한다는 의미로 새겨야 옳을 것이다.

"참된 삶은 부재한다." 이것이 출발점이다. 여기서 '참된 삶'을 향한 움직임이 비롯된다. 이 랭보의 인용에 그 어구 이상의 의미를 부여할 필요는 없을지 모르겠다. 또 여기다 백석을 끌어들인 것이 좀 어색하고 생뚱맞아 보일지 모르겠다.**51** 내 의도는 다만, 세상 속에 있으되 세상에 머물지 않는 지향을 부각시켜보려는 것이다. 시인이건 철학자건 모름지기 사람이면 그런 종류의 욕망을 가질 수 있고 또 가져야 하는 것이 아닐까.

50 앞의 2장 참조.
51 '세상'을 얘기하다 하필 백석의 「나와 나타샤와 흰 당나귀」가 떠오른 것은 근래에 우연히 보게 된 유튜브 파일 탓이 아닐까 싶다. 유재일이라는 정치평론가가 이 시의 배경과 '에로틱'한 면모에 대해 투박하지만 시원스레 쏟아내는 해설(https://www.youtube.com/watch?v=FZBTKflIY5I)이 흥미로웠다.

Ⅱ

욕망이란 관계다. 욕망에는 욕망하는 자와 욕망되는 것이 있기 마련이다. 그렇다고 욕망의 주체와 욕망의 대상이 먼저 존재한다고 생각하면 곤란하다. 우리는 때로 있지 않은 것을 욕망하기도 하는 까닭이다. 무엇을 욕망하는지 모르면서 욕망하기도 한다. 욕망이야말로, 욕망의 이런 지향성이야말로 삶의 근본적인 면모다.

　내가 '욕망'이라는 주제에 처음 접했던 것은 갓 대학에 들어갔을 무렵에 읽은 『욕망과 충족의 변화체계』(장일조 지음, 홍익문화사, 1978)라는 책을 통해서였을 것이다. 지금도 기억나는 것은 '먹기 위해 산 사람들은 부자가 되었고 살기 위해 먹은 사람들은 가난해졌다'라는 식의 도발적 선언이었다. 역사를 움직여온 것은 어떤 관념적 원리가 아니라 욕망과 그것을 충족시키는 방식이었다는 주장이 선명했던 것 같다. 억압적이고 금욕적인 분위기에서 교육받아온 세대에겐 나름 신선한 자극이었다. 그 이후로 기억에 남는 장면은 1990년대 초, 유럽에서 공부하고 돌아온 한 선배가 '욕구'와 '욕망'을 구별해야 한다고 역설하던 모습이다. 대략 그 무렵부터 우리 사회에서도 푸코, 라캉, 들뢰즈 등의 욕망에 관한 이론들이 논의되기 시작했던 것 같다.

　혹시 '욕망의 삼겹살'이라고 아는가? 아마 처음 들어보았을 거다. 당연하다. 방금 내가 만든 말이니까. 하지만 '문화의 삼겹살 현상'이라는 식의 표현은 일찌감치 있었다. 우리 사회가 워낙 압축적인 산업화를 겪은 탓에, 전-근대pre-modern, 근대modern, 탈-근대post-modern의 문화적 특성들이 겹쳐서 공존하는 사태를 일컫는 말이다. 내가 이런 표현을 듣고 옮겨 적었던 것[52]이 벌써 십수 년 전이니까, 이미 낡은 얘기인 셈이다. 하지만 우리 사회에는 아직 이런 면모가 꽤 남아 있는 듯하다. 그동안 이명박-박근혜 정권의 퇴행을 겪은 처지임을 감안하면 그다지 이상한 일도 아니다.

　욕망을 죄악시하고 억압하는(그러면서 누릴 놈들은 다 누리는) 전-근대의 양태야 이제 큰 비중을 갖지 못한다고 해야겠다. 욕망을 눌러 막기만 해서는 자본주의 상품 사회를 꾸려나갈 수 없다. 내핍과 저축을 강요해야 했던 원시축적기도 지나간 지 오래다. 그러나 특권과 배제의 틀은 여전하다. 돈과 권력에 따른 불평등의 위계가 욕망의 은밀하고 뒤틀린 모습을 낳는다. 근래에 화제가 되었던 영화 〈내부자들〉이 그리는 한국의 특권 사회는 욕망으로 충만하다. "권력욕, 명예욕, 성욕, 이 욕망이 사람을 젊게 만드는 거야." 재벌인 오 회장(김홍파 분)이 유력 정치인과 언론인, 검사를 자기 집에 불러놓고 벌이는 내밀한 술자리에서 하는 말이다. "리히텐베르크가 이런 말을 했죠. 욕망이 적을수록 그만큼 행복할 것이라는 것은 대단한 개소리다." 신문사 주필 이강희(백윤식 분)가 이렇게 받는다.[53] 욕망에 대한 긍정이고 상찬인 셈이다. "국민은 개돼지"라고 말하는 바로 그 입에서 나오는 얘기다.

52　졸저, 『철학의 시추』, 백의, 1999, 242쪽 참조.
53　이런 대사가 등장하는 것은 〈내부자들: 디 오리지널〉(2015)에서다.

그런데 유감스럽지만 이강희의 이 인용은 엉터리다. 리히텐베르크Georg Christoph Lichtenberg; 1742~1799는 독일의 물리학자이자 문필가로, 청년들에게 욕망을 줄이고 절제하는 법을 가르쳐야 한다는 맥락에서 "욕망이 적을수록 더 행복해진다는 것은 오래된, 그러나 잘 알려진 진리"라고 말한 적이 있다.**54** 그런데 이것이 이상하게도 우리나라에서 출판된 몇몇 명언집에는 '욕망이 적을수록 행복해진다는 말이 예로부터 내려오고 있으나 그것은 잘못된 진리'라는 식으로 번역되어 있다. 영화는 사실 확인에 게으른 '일부' 언론인들의 면모조차 의도치 않게 반영하고 있는 것일까? 거기에 견주면, '잘못된 진리'라는 모순된 어구를 '대단한 개소리'라고 바꿔 표현한 건 큰 흠이라고 하기 어렵다.

욕망과 행복이 반비례 관계에 있다는 설정을 내가 처음 본 것은 대학 시절 한 철학사 책에서였다. 누렇게 바랜 책자를 다시 들춰보니, 헬레니즘 시대의 에피쿠로스학파에 대한 설명 중에 이런 공식이 나온다.

행복 = 성취 / 야망

에피쿠로스학파는 쾌락과 행복을 우리가 추구해야 할 주된 가치로 놓았지만, 온갖 어려움이 가득 찬 이 세상에서 성취를 늘리려고 애를 쓰기보다는 야망을 줄이는 쪽이 현명한 방책이라고 생각했다는 것이

54 독일어 원문은 "Verminderung der Bedürfnisse sollte wohl das sein, was man der Jugend durchaus einzusch⬚rfen und wozu man sie zu st⬚rken suchen müßte. Je weniger Bedürfnisse, desto glücklicher, ist eine alte, aber sehr bekannte Wahrheit." (http://www.gutzitiert.de/zitate_sprueche-beduerfnis.html). 나도 이 구절을 리히텐베르크의 책에서 직접 찾아보지는 못하고 인터넷을 통해서만 확인해보았다.

다.**55** 이것은 분명 소극적인 태도고 전근대적인 관점이다. 에피쿠로스의 것이건, 리히텐베르크의 것이건, 욕망에서 활력을 찾는 '내부자'들에겐 이런 얘기가 한낱 '개소리'로 들릴 법하다.

그런데 욕망에 대한 이와 같은 긍정은 〈내부자들〉의 특권층에게만 국한된 것일까? "권력욕, 명예욕, 성욕, 이 욕망이 사람을 젊게 만드는 거야." 오 회장의 이 말에는 흥미롭게도 돈에 대한 욕망이 빠져 있다. 스스로가 물욕의 현신現身이라서, 또는 이 사회의 대다수가 당연하게 여기는 것이라서, 굳이 덧붙일 필요가 없었는지 모른다.

Ⅲ

레비나스의 『전체성과 무한』 첫 부분에서 시작한 이야기가 엉뚱한 곳으로 끌려가고 있다고 생각할 독자가 있을까 염려된다. 사실 그런 면이 없지는 않다. 하지만 레비나스가 말하는 '형이상학적 욕망'을 설명하기 위해서는 우선 '욕망'에 대한 논의가 있어야 하지 않겠는가. 우리는 이제 '욕망의 삼겹살'에서 두 겹째에 접어들었을 뿐이다.

나는 최순실-박근혜 게이트라는 작금의 사태가 박정희 패러다임의 몰락을 뜻한다는 진단에 기본적으로 찬동하는 편이다. 대표적으로, 도올 김용옥은 일제의 강점에서 해방된 이후 우리 사회에는 박정희 패러다임과 안티-박정희 패러다임이 있었을 뿐이라고

55 S. P. 램프레히트, 『서양철학사』, 김태길·윤명로·최명관 역, 을유문화사, 1978, 130쪽. 램프레히트는 이 공식에 대한 시사를 윌리엄 제임스에게서 받았다고 각주에서 밝히고 있다.

강변한다.**56** 개발 독재와 그에 따른 저항이 20세기 중반 이래 우리 사회를 끌어온 주된 틀이었다는 말이다. 우여곡절을 겪으면서 산업화와 민주화를 이루어냈지만, 경제성장이라는 공통의 목표는 오랫동안 우리 사회를 지배해왔다. 억압과 부패와 불평등의 숱한 문제들을 안고 있었음에도 불구하고 고도성장의 경험은 우리의 욕망 구조를 그 틀에 맞춰놓았고, 이명박-박근혜 정권의 퇴행과 반동이라는 시대착오의 대가를 치르게 만들었다.

그래서 김용옥은 이제 욕망의 혁명, 의식의 혁명이 필요하다고 주장한다. 박근혜 정권의 몰락은 단순히 한 정권의 종말이 아니라, 시대의 교체이고 혁명의 시작이어야 한다는 것이다. 그는 박정희 패러다임의 기원을 이승만을 거쳐 조선시대 노론老論에까지 거슬러 올라가 추적하기도 한다. 사대주의와 결합된 뿌리 깊은 기득권의 적폐를 이번 기회에 청산해야 한다는 얘기다.**57** 이것은 끈질기게 그 맥을 이어온 '내부자들'의 파렴치에 대한 비판이지만, 다른 한편으로는 그들을 용인하고 심지어 선택해온 우리 자신에 대한 반성의 촉구이기도 하다. 지금 욕망의 혁명이 요구되고 있다면, 그 초점은 아마 후자에 맞춰져야 할 것이다.

그런데 도올은 이 두 가지를 잘 구별하지는 않는 것 같다. 앞서의 우리 논의에 따르면, 특권적이고 내밀한 욕망의 추구는 전근대적 양태고, 욕망에 대한 노

56 2016년 12월 1일 〈김어준의 뉴스공장〉에서의 발언. 도올은 특이하고 경탄스러운 인물이다. 『동양학 어떻게 할 것인가?』(1985) 이래 지속적인 저술 활동으로 무시할 수 없는 내용을 갖춘 수십 권의 책들을 펴냈으며, 대중들의 흥미와 관심을 끄는 철학자로 오랫동안 활동해왔다. 최근 조사에 따르면, 사람들이 우리나라 철학자로 가장 먼저 떠올리는 인물이 김용옥이다. 꼭 좋은 현상이라 할 수는 없겠지만, 퇴계나 율곡보다 순위가 높다(한국갤럽 Report, 「한국인에게 철학이란 2016」). 그의 활동 폭을 감안하면, 다소 과시적이고 과장된 언행조차 나름의 긍정적인 특성으로 봐줄 만하다.
57 도올 김용옥 김어준 시네마 토크, https://www.youtube.com/watch?v=z6Uf2CM620M.

타자와 욕망

골적인 긍정은 근대적 양태에 해당한다. 〈내부자들〉에서는 이 두 가지가 왜곡되고 착종된 형태로 나타나지만, 우리의 지향점과 관련해서는 이 둘을 분리시켜 이해하는 것이 중요하다. 이 점을 분명히 하기 위해 다음과 같이 물어보자. 촛불혁명 과정에서, 또 촛불혁명 이후에 우리의 욕망은 어떠한 모습을 갖춰야 할 것인가?

김용옥은 촛불혁명 후에 비로소 우리에게 참된 근대가 도래할 것이라고 말한다.**58** 구악의 청산에 초점을 맞출 때 이것은 일견 당연한 말로 들린다. 하지만 그렇다면, 우리는 기껏 서구의 묵은 과거를 뒤쫓아 가는 꼴이다. 근대近代라는 말 자체가 서구의 시간 기준에서 본 과거를 의미하지 않는가. 하긴, 우리의 현대사를 추동해온 중심 줄기가 산업화였고 서구화였으니, 서구의 근대를 이제 성취한다고 해서 그다지 억울해할 일은 아닐지 모른다. 또 그렇게 보아야만, 지금의 촛불혁명이 보여주는 몇몇 특징도 이해할 수 있을 법하다. 구시대의 것임이 너무나 분명한 병폐를 극복하려는 데에 굳이 좌우의 정치적 노선을 나눌 필요가 없고, 그 자명한 목표를 천명하는 데에 구태여 폭력이 개입될 이유도 없지 않겠는가.

그러나 근대화近代化라는 구호**59**로 전 국민을 획일적 동원 체제 아래 포섭하려 했던 것이 박정희의 패러다임이었음을 생각해보라. 오늘에까지 그 그림자를 드리운 박정희의 망령을 극복하는 일은 근대화 이데올로기의 극복이고 나아가 근대의 극복이어야 하

58 김용옥, 「11월 항쟁은 이제 시작이다!!」 (https://www.youtube.com/watch?v=R3FBo4sg5lo).
59 이것은 시간적으로 과거일 수밖에 없는 근대(近代)를 이루자는 반어적인 조어(造語)다. 시간 기준을 우리 사회가 아닌 서구에 놓을 때만 가능한 형태다. 졸저, 『철학의 시추』, 앞의 책, 242쪽 이하 참조.

지 않겠는가. 물론 박정희의 '근대'는 사이비 근대였다는 식의 반론이 있을 수 있다. 하지만 우리가 떨쳐버려야 할 것이 경제성장에 대한 과도한 기대와 집착이며 물욕이라고 할 때, 이것을 과연 근대와, 또 근대적 욕망 구조와 분리시켜서 생각할 수 있을까?

전근대적 욕망관이 신분적 위계 같은 불평등한 틀에 욕망을 가둔 채 짐짓 절제를 내세우는 것이었다면, 근대적 욕망관은 상품 교환의 틀 속에 욕망을 놓고 수요-공급의 쌍처럼 결핍과 충족을 연결시켜 이해하는 것이었다고 할 수 있다. 여기서 욕망은 결핍을 채우려는 긍정적 운동의 출발점으로 여겨진다. 하지만 이런 연결망에서 욕망을 규정하는 것은 그 결핍의 충족 상태다. 애당초 결핍이란 어떤 마이너스負로서 의미를 지니며, 따라서 그런 마이너스가 없는 상태를 전제하는 까닭이다. 요컨대, 결핍으로서의 욕망은 이 결핍이 없는 상태에 견주어 평가된다. 그런데 무엇이 결핍이 없는 상태인가의 기준은 절대적이지 않으며, 사회적 조건에 따라 달리 주어진다. 어떤 상품이 공급되고 선전되느냐에 따라 수요가 창출되거나 조작되듯이, 한 시기에 제공되는 지배적인 관념이 무엇이냐에 따라 욕망의 모습 또한 달라지는 것이다.

100만 원 / 내 손목 위에로 빛이 / 100만 원 / 내 목에 세 개에 빛이 / 금은방 / 그게 내방 빛 / Put on yo shades / I'll make you go blind / 숨어봐 // 100만 원 / 2017년 한 달 천일조 인마 / 100만 원 / 마흔 개가 내 손목 위를 조인다 / 100만 원 / 내 십 년 후 월봉의

타자와 욕망

제곱근 / 쟤네가 아닌 회장님들과 / 어깨 나란히 해볼 듯 / 조 단위가 내게로 가는 날 / 나는 flex / 내 fan이 된 나의 star 만나서 / 나도 glad 내 소갤 할게요 / 나는 another class / I wanna be 21세기 솔로몬 / 명예와 돈을 넘어서 / 영향력을 가질 것을 믿어 / 이제부터 경쟁은 유대인과 // 100만 원 / 내 손목 위에로 빛이 / 100만 원…….

이것은 2016년 말 가요대전에서 G-드래곤과 씨엘, 비와이, 오케이션 등이 함께 불렀던 〈100만 원〉이라는 노래의 가사다. G-드래곤이 100만 원짜리 수표를 모자에 붙이고 5억 원짜리 시계를 차고 나와 불렀다고 해서 더 화제가 된 노래다. 가사 내용도 내용이지만, 5억짜리 시계라니…… 그건 좀 너무한 것 아니냐고 10대 아이 앞에서 참견을 했다가 역시 꼰대는 할 수 없다는 식의 대꾸를 들었다. "GD 수입이 얼만 줄 아세요? 한 해에 150억이 넘어요. 자기가 벌어서 자기가 쓰는데 뭐가 어때요? 5억짜리 시계도 파는 사람이 있으니까 살 수 있는 거잖아요."

나는 도올 김용옥이 지금 우리에게 욕망의 혁명이 필요하다고 주장한 것은 탁견이며, 철학자로서 마땅히 제기해야 할 문제를 제기했다고 생각한다. 그러나 아쉽게도 그는 그 혁명의 구체적 내용을 분명히 제시하지는 못했다. 그렇다고 내가 지금 그 일을 하겠다고 나서는 것은 아니다. 여기서 나는 다만, 우리에게 아직 전근대의 폐해가 문제라고 해서 근대를 목표로 삼을 수는 없다는 점을 욕망과 관련해서 지적하는 것뿐이다. 욕망의 문제는 중요하고 흥미롭지만 단순치 않다.

Ⅳ

삼겹살의 비유도 편의적인 것일 따름이다. 그렇더라도 얘기를 꺼냈으니, 어떻게든 끌고 나가보자. 욕망의 삼 겹, 그러니까 욕망의 세 번째 시대적 층위는 '탈-근대'의 층위다. 그동안 탈-근대에 관한 논의는 무수히 있었다. 하지만 분명한 것은 '탈-세상'의 구상이 '세상'에 근거해 있듯, '탈-근대' 역시 '근대'에 근거해 있다는 것이다. '탈post'은 사실 기생적인 용어다. 뒤에 오는 말에 기대어 자신의 불명료함을 얼버무리면서, 무엇무엇 '다음'이라거나 무엇무엇을 '벗어난'다는 식의 소극적 의미를 지닐 뿐이다. 그러니까 '탈-근대'라는 말은 이제 근대는 아닌 것 같은데(또는 아니고 싶은데) 그 내용을 달리 뭐라고 규정하기는 어렵다는 곤란함을 표현하고 있다.

물론 일반적으로 거론되는 '탈-근대'의 특징이 없는 것은 아니다. 근대를 산업사회와 등치할 때, 탈-산업사회로서의 정보사회가 탈-근대의 주요 내용으로 운위되곤 한다. 하지만 사회체제를 중시하는 사람들은 근대의 주요 특징을 자본주의로 놓고, 진정한 탈-근대가 이루어지려면 탈-자본주의가 성취되어야 한다고 생각한다. 이들이 볼 때, 자본주의의 극복이 없는 탈-근대란 정권 교체 없는 정치

교체처럼 알맹이가 없는 것이다. 그러나 이제 자본주의 이후의 사회 상을 선명하게 제시하기 어려운 일이다 보니, '정보사회' 정도의 규정도 내놓기가 만만치 않다. 그래서 탈-근대가 탈-산업화 또는 정보화가 진전된 후기-자본주의 정도로 이해되는 경우도 흔하다.

욕망에 관한 견해도 여기에 연동하여 정리해볼 수 있다. 정보와 기호가 중요하게 부각되는 세태에 맞추어 욕망의 작용을 기호나 이미지와 관련시켜 이해해보려는 경향이 두드러진다. 무의식적 욕망 조차 기호적 질서에 의해 지배된다고 보는 관점이 득세하고, 욕망의 대상으로 물질적 실체가 아니라 이미지에 주목하는 시각이 인기를 얻는다. 그러나 욕망은 아직도 상품경제의 틀에 갇혀 있다. 상품의 주된 특성이 딱딱한 것에서 부드러운 것으로, 물질에서 이미지로 옮겨왔을 뿐, 결핍-충족의 구도가 수요-공급의 형식을 내면화한 소비의 작동 방식으로 기능하는 것은 여전하다. 그렇다면 이미지나 기호를 욕망하는 것, 이를테면 명품의 엠블럼 따위에 대한 욕망을 탈-근대적 욕망이라고 해야 할까?

아니라고 부인하기 어렵다. 탈-근대적 욕망에 대해서는 여러 현란한 얘기들이 있어왔지만, 그것들은 대개 기호 및 이미지의 특성에 욕망을 맞춰본 것이라고 이해하면 크게 잘못이 없다. 기호나 이미지는 서로 구별되는 것이 중요하고, 의미는 그렇게 구별되는 차이들의 체계 속에 자리 잡는데, 그러한 의미들은 때로 차이들의 관계망에 따라 미끄러지면서 서로 교환되거나 변형되기도 한다. 게다가 이렇게 기호와 이미지를 통해 이해되는 세계는 한정적이고 불완전해서, 거기에 포섭되지 않은 미지의 영역과 맞닿아 있다. 이런 식의 구도에 욕망을 대입하면 상징적 관계에 의해 지배되는 욕망의 움직임과 그 한계에 대한 논의들이 나온다. 대표적으로, 보드리야르나 라캉 등의 견지를 생각해보라.

너무 단순하고 도식적인 설명이라고? 인정한다. 하지만 나는 지금 특정 욕망론의 세세한 내용보다는, 상품경제의 기호와 이미지를 따라가던 욕망의 줄기가 또 다른 어떤 흐름을 만나거나 만들어낼 수 있는지에 ―구태여 말하자면, 욕망의 삼겹살 가운데 세 번째 겹이 이제 어떤 부위와 이어지게 되는지에 ― 관심이 있다. 그런 점에서 짚고 넘어가야 할 것은 욕망의 생산적이고 혁명적인 역할을 강조하는 논의다.

이미 언급했다시피, 욕망을 결핍-충족의 틀로 바라볼 때 그것은 소비와 직결되기 쉽다.**60** 탈-근대의 환경에서 이 소비는 상품 공급자가 내놓는 충족의 이미지에 의해 촉진되고 조작된다. 일반 대중은 수동적인 소비자의 위치로 내몰리고, 주입된 욕망은 소비자의 가장된 능동성으로 기능한다. 이러한 상황에 대해 반성해볼 때, 우리는 자연스럽게 욕망을 소비가 아닌 어떤 생산적 활동과 연결지을 수 없을까 궁리하지 않을 수 없다. 그러나 그렇게 해서 욕망이 생산-소비 쌍 안에 자리 잡는다 해도 그 욕망은 여전히 상품경제의 한 요소로 기능할 뿐이다. 이 구도를 벗어나기 위해서는 아예, 결핍-충족, 수

60 욕망을 소비와 연결지어 흥미롭게 설명하고 있는 글로, 데이비드 그레이버의 『가능성들』(조원광 · 황희선 · 최순영 옮김, 그린비, 2016)의 2장 「소비에 대한 생각」을 보면 좋다. 그레이버는 자본주의가 가정과 일터를 분리시킴으로써 소비를 생산과 분리시켜 생각하게 했음을 지적함과 아울러, 그렇게 마련된 소비 개념의 역사적 상대성과 이데올로기적 효과에 주목한다.

타자와 욕망

요-공급, 생산-소비의 이항관계를 넘어서야 하지 않을까?

들뢰즈·가타리의 욕망 개념은 이런 시도의 대표적인 예다. 들뢰즈와 가타리는 『앙띠 오이디푸스』(1972)에서 욕망을 결핍에서부터 설명하는 견해들을 비판하고 욕망의 혁명적 역할을 부각시키고자 했다. 이들은 프로이트나 라캉이 인간의 욕망을 해명하는 원초적형식으로 여겼던 오이디푸스 콤플렉스를 정면에서 거부하는데, 그이유는 이것이 '결핍-충족'의 틀을 통해 욕망을 억압하고 통제하는역할을 하기 때문이다. "욕망에 근친상간이라는 이지러진 거울을들이댐으로써(흥, 이것이 네가 원했던 거지?) 욕망을 수치스럽게 하고 아연실색케 하며 출구 없는 상황으로 몰아넣어, 문명의 더 나은이익을 위한다는 명분 아래 욕망이 '자기 자신'을 포기하도록 쉽사리 설득한다."[61] "욕망이 어머니를 욕망하고 아버지의 죽음을 욕망하기 때문에 억압되는 것이 아니다. 거꾸로 욕망이 억압되기 때문에그렇게 되는 것이다."[62] 오이디푸스적 욕망이란 욕망의 통제를 위해 도입되고 부풀려진 것이라는 말이다.

이런 억압과 통제를 깨뜨릴 수 있는 것은 무엇일까? 들뢰즈·가타리가 보기에, 그것은 욕망이다. 욕망을 억누르는 틀마저 부술 수있는 욕망, 혁명적 힘의 분출로서의 욕망이다. 어떤 형식에도 매이지 않고 표출되는 민중의 에너지로서의 욕망이다. 들뢰즈·가타리가 이 같은 생각을 한 것은 68혁명의 경험 탓이 크다. 20세기 후반 서구 사회를 휩쓴 이 저항운동은 계급이론과 같은 기존의 시각으로 설명하기

61 들뢰즈·가타리, 『앙띠 오이디푸스』, 최명관 옮김, 민음사, 142쪽.
62 같은 책, 179쪽.

어려웠다. 2차대전 이후에 성장한 젊은 세대가 어떤 기획이나 조직도 없이 폭발적으로 쏟아낸, 기성 질서에 대한 불만과 새로운 삶의 방식을 향한 열망 — 이것을 그들은 욕망이라는 관점에서 바라보고자 했던 것이다.

들뢰즈 · 가타리가 내세운 욕망에는 미리 주어진 어떤 도달점이 없다. 그것은 무정형의 활력을 지닌 욕망이다. 결핍-충족의 구도에 의해 제어되지 않는 이런 욕망을 그들은 '생산하는 욕망'이라고 불렀다. 그럼으로써 욕망을 수동적인 소비의 자리에서 빼내어 능동적인 생산의 위치에 놓으려 한 셈이다. 하지만 그 때문에 이 같은 생각은 '생산-소비'라는 구도에서 완전히 자유롭지 못했으며 '생산'에서 힘과 가치를 찾는 지배적 사고방식에 여전히 사로잡혀 있었다. 그보다 더 직접적인 문제는 이 욕망의 방향성과 관련된 불확실성이었다. 무정형의 욕망은 해방적일 수도 있지만, 자칫 파괴적이고 암적인 것이 될 수도 있다. 이것은 들뢰즈 · 가타리의 욕망론이 해결하기 어려웠던 일종의 딜레마였다.[63]

그런데 이 딜레마는 20세기 후반 이래 서구 사회가 줄곧 봉착해 온 문제이기도 하다. 변화와 해방을 염원하지만, 미래를 열어나갈 어떤 방향을 잡기 어렵다는 것 — 이것은 '근대'를 넘어서려 하나 '근대 이후'를 명확히 제시할 수 없다는 '탈-근대'의 문제의식과 겹친다. 68사태의 귀결이 보여주듯, 현실에 대한 저항이 부분적인 반향과 함께 다시 체제 속으로 흡수되고 만 것도 이 같은 시대 의식

63 나는 「생산하는 욕망과 욕망의 딜레마」(졸저, 『해체와 윤리』, 2012, 그린비, 259~281쪽)라는 글에서 이들의 욕망 개념을 비교적 상세히 다룬 바 있다.

타자와 욕망

을 부추긴다. 이렇게 보면, 들뢰즈·가타리의 욕망론은 '탈-근대'와 다른 것이라기보다는 거기에 속해 있는 것으로 비친다.

V

이제 레비나스로 돌아가보자. 레비나스는 들뢰즈·가타리와 달리, 우리 사회 내부에서 비롯하고 작용하는 내재적 욕망이 아니라, 타자를 향한 초월적 욕망을, 형이상학적 욕망을 내세운다. 이 욕망은 우리가 놓인 세상 안이 아니라 밖을 향한다. 욕망의 혁명이란 차라리 이렇게 방향을 완전히 전환하는 데서 찾아질 수 있지 않을까?

　혹자에겐 이런 생각이 자못 황당하다고 여겨질 것이다. 그러나 이제까지 우리가 살펴왔던 욕망의 모습을 다시 생각해보라. 특권적 욕망이건 소비적 욕망이건 생산하는 욕망이건 간에, 그것이 우리를 확장하려 하는 것인 한, 즉 소유하고 지배하려 하는 것인 한, 우리에게 숱한 갈등과 충돌을 안겨준다. 욕망을 억누르고 절제를 선전하거나 욕망을 통제할 틀을 제시하는 것 또한 지배를 획책하는 욕망의 발로일 수 있다. 해방적 욕망이 어느덧 억압적인 것이 되기도 한다. 자신의 관점을 떠나 좋은 욕망과 나쁜 욕망을 가른다는 것은 어려운 일이다. 서로의 처지에 따라 평가가 달라지며, 그래서 싸움이 불가피해진다. 이런 문제를 해결하는 길은 아예 욕망을 바라보는 차원과 방향을 바꾸는 데서 찾을 수 있지 않을까?

이 욕망은 절대적 타자에 대한 욕망이다. 우리가 만족시키는 허기, 우리가 해소하는 갈증, 우리가 가라앉히는 감각 바깥에서, 형이상학은 만족을 넘어선 타자를 욕망한다. [⋯] 이것은 만족 없는 욕망이다. 말하자면, 멀어짐에, 타자의 타자성과 외재성에 귀를 기울이는 욕망이다. 이 욕망에 대해서는 관념과 합치하지 않는 이와 같은 타자성이 의미를 갖는다. 이 타자성은 타인Autrui의 타자성으로, 지-고Très-Haut의 타자성으로 받아들여진다. 높이의 차원 자체가 형이상학적 욕망에 의해 열린다.(『전체성과 무한』, 4~5쪽)

요샛말로 하면 이것은 욕망의 창발적 전환이라고 할 수 있다. 욕망과 관련해 새로운 차원이 도입된다는 얘기다. 이렇게 말하면, 주의 깊은 독자는 고개를 갸웃할 것이다. 위 인용문이 정말 그렇게 새로운가? 어쩐지 어디선가 들어본 듯한 느낌이 들지 않는가? 사실, 하늘 아래 완전히 새로운 것은 없다. 아니, 하늘에서도, 하늘 위에서도 그렇다. 새로운 것이란 기왕 있던 것에서 생겨나는 것이 아닌가. 있던 것이 이렇게 저렇게 조합되거나 결합되어 이전에 없던 특성을 지닌 새로운 현상이 창발하는 법이다.

레비나스가 말하는 '절대적 타자'에서 종교적 '신'의 냄새를 맡는 것은 이상한 일이 아니다. 다만, 이전의 신은 대부분 우리와 유사하거나 우리와 통하는 면을 지니고 있었다는 점을 염두에 두자. 그것 못지않게 중요한 것은 신이 우리보다 훨씬 강한 압도적인 힘을 가진 존재로 상정되었다는 점이다. 하지만 레비나스의 타자는 그렇지 않다. 타자는 우리가 추구하는 지식이나 강함을 넘어서 있고, 그 래서 "관념과 합치하지 않"으며 힘의 측면에서 보자면 약하다고 할 수밖에 없다. 그러나 또한 이 넘어섬 때문에, 이 넘어섬의 지평이 무 한하기 때문에, 지고하기도 하다. 약함과 지고함이 연결된다는 것이 레비나스가 말하는 타자의 핵심적인 면모다.**64**

어떻든 지금의 맥락에서 주목해야 할 것은 레비나스가 거론하 는 욕망의 의미다. 이것이 결핍-충족의 틀을 벗어난다는 점은 위의 인용에서도 분명하다. 하지만 그렇다면 타자와의 이 관계를 왜 다른 말로 표현하지 않고 여전히 욕망이라고 ― '욕망'이라고 표기를 달리 한다 해도 말이다 ― 부르는 걸까? 우리가 자아에서 출발해서 타자 로 나아간다는 점을 강조하기 위해서다. 이런 점에서 욕망이라는 표 현에는 근대적이며 현상학적인 의미가 담겨 있는 셈이다. 욕망이란 우리가 품는 지향적 경향성을 가리키지 않는가. 쉽게 말해 욕망이란 우리의 몸과 마음이 어딘가를 향해 쏠림을 뜻하며, 이것은 출발점이 바로 나이고 우리임을 함축한다.

그렇다고 레비나스가 타자와의 관계를 언제나 이런 방향에서만 서술하는 것은 아니다. 레비나스에 의하면, 타자는 우리에게 호소하 고 명령하며, 우리는 거기에 응답하고 책임을 진다. 그는 이런 관계를 '대화'discours라고 부르지만, 이것은 상호적인 관계가 아니라 비대칭적 관계다. 이때 우위 에 서는 것은 타자 쪽이다(물론 이것은 힘의 우위가 아 니다). 레비나스에서 타자는 무한하고 우리는 유한하

64 나는 앞에서도 이 점 에 대해 간단히 논의한 바 있다. 약함과 지고함이 함께 한다는 것도 유사한 전례가 없는 것은 아니다. 기독교의 예수가 대표적이다.

니까, 당연한 일이라고 할 수 있다.

요컨대, 레비나스가 욕망을 얘기하는 것은 출발점을 고려하는 경우에서다. 자아라는 동일자에서 출발하는 한, 타자와의 관계는 먼저 욕망이라는 형태를 취한다. 하지만 그 욕망이 나아가는 곳은 동일자의 확장이 아니라 그것을 넘어서는 타자의 외재성이다. 낯설고 약한 타자의 호소에 귀 기울이고 응답하는 윤리의 지평이다. 레비나스에게서는 이것이 '참된 삶'이다. 욕망은, 형이상학적 욕망은 여기에 이르는 길이다. 우리가 어디서부터 논의를 시작했는지 되돌아보자. "참된 삶은 부재한다. 그러나 우리는 세상 속에 있다." 욕망은 세상 속의 우리를 참된 삶으로 이끌어준다.

VI

내가 오랫동안 철학을 하면서(어물어물하다 보니 철학 공부를 업으로 삼은 지 30년이 넘었다) 심심찮게 듣는 질문 가운데 하나가 "철학이 뭐냐"는 질문이다. 잘 몰라서 호기심에 묻는 경우도 있지만, 때론 다른 분야를 연구하는 선생님들도 그렇게 묻는다. 철학이라는 학문이 남들 눈에는 참 막막해 보이나 보다. 왜 그렇게 현실성 없는 얘기만 하느냐는 힐난조의 물음일 때도 있다. 아마 이 글을 읽는 독자들도 그런 물음을 던지고 싶을지 모르겠다.

나는 때로 그냥 웃어넘기기도 하고, 상대에 따라 적당하다 싶은 답변을 내놓기도 한다. 그중 자주 하는 나름 진지한 답은 아마 이런 형태일 것이다. "철학이란 게, 그러니까, 아직 분명한 답이 없는 문제에 대해서 생각하는 학문이죠. 그렇다 보니 좀 갑갑하게 느껴질 때도 있어요. 하지만 영 쓸모없는 것은 아닙니다. 가능한 대로 이치에 맞게 생각해보는 것 말고는 접근하기 어려운, 그렇지만 꽤 중요한 문제들이 많으니까요."

욕망에 관한 문제들도 그렇다. 사람들이 지금 무엇을 욕망하고 있느냐의 문제는 그래도 여러 경험적 자료를 통해서 탐구해볼 수 있다. 그러나 우리가 무엇을 욕망해야 할까, 어떤 욕망을 가져야 좋을까 하는 문제는 한층 심각하고 어려운 문제다. 근본적인 가치의 문제가 제기되는 탓이다. 현재의 욕망들이 빚어내는 충돌과 갈등을 풀어내고 극복하기 위해서는 욕망 자체에 대해 다시 숙고해보고 우리가 추구할 수 있는 다른 길들을 찾아보아야 한다. 나는 레비나스가 그런 길 가운데 하나를, 그것도 상당히 매력적인 방식으로 제시하고 있다고 믿는다.

그렇다고 우리가 당장 '형이상학적 욕망'을 통해 삶과 사회를 일신할 수 있다거나 그래야 한다고 생각하는 것은 아니다. (철학을 30년 동안 했다고 해서 그 정도로 현실감각이 없지는 않다.) 하지만 레비나스의 주장에는 일상 속에 파묻혀 사는 사람들도 궁극적으로는 완전히 무시할 수 없는 어떤 진실이 담겨 있지 않을까? 혹시 여러분은 스스로가 욕망하는 바가, 또 여러분의 그 욕망이 헛되고 무가치할 수 있다는 생각에 잠시나마 섬뜩한 느낌이 들었던 적은 없는가?

— 철학이란 학문은 갈수록 인기가 없어져요.

"전 철학에 대한 갈증이 더욱 늘고 있다고 생각해요. 내가 정말로 원하는 게 뭔지, 어떻게 살아야 가치 있는 삶인지, 더 많은 사람들이 고민하고 있는 것 같아요. 다만 너무 바빠서 그 생각을 오래 할 여유가 없는 거죠."

— 어떻게 살아야 할지보다 어떻게 돈을 벌지 궁리하는 사람이 더 많은 것 같은데요.

"부富 자체가 가치 있다고 생각하는 사람이 있나요?"

— 대부분이 그렇게 생각하지 않나요.

"사람들에게 왜 돈이 필요하냐고 물으면 대부분 '돈이 있으면 자유로우니까'라고 답하죠. 그럼 결국 좋은 건 돈이 아니라 자유잖아요. 내가 자유로울 수 있는 수준보다 더 많은 돈은 필요 없겠죠. 자유로우면 뭘 할 거냐고 물으면 사람들은 '즐거운 일을 하겠다'고 말하죠. 그럼 돈을 버는 것도 결국은 원하는 일을 찾아 즐겁게 하기 위한 것 아닐까요."

위 문답은 김현섭이라는 소장 철학자 인터뷰의 한 대목이다.[65] 젊은 나이에 판사를 그만두고 철학 공부를 했다고 해서 화제가 되었던 인물이다. 솔직히 말해, 나는 이 대화에 표현된 정도가 현재 우리로서 기대해볼 만한 '욕망 혁명'의 모습이라고 생각한다. 주어진 통념에서 벗어나 내가 정말 무엇을 원하는지 따져보는 태도가 필요하다는 애

65   2014년 9월 11일자 중앙일보 인터넷판 기사 (http://v.media.daum.net/v/20140911004604064) 에서 인용했다.

타자와 욕망

기다. 물론 내가 진정 바라는 바를 안다고 해서 누구나 쉽게 그것을 추구할 수 있는 것은 아니다. 그런 점에서 김현섭이라는 인물은 특수한 예라고 보아야 한다. 하지만 우리는 사회의 구성원 대부분이 그렇게 할 수 있는 여건을 만드는 것을 목표로 삼을 수 있다. 아마 거기에 필요한 사안들이 욕망혁명을 뒷받침하는 실질적 내용을 이룰 것이다.

우리 사회가 돈에 대한 편집증적 욕망에서 벗어나기 위해서는, 돈에 집착하지 않으면 생존을 위협받거나 패배자가 된다는 생각을 바꿀 수 있어야 하고, 그럴 수 있는 사회적 조건이 마련되어야 한다. 사회보장제도와 복지의 확충이 욕망혁명의 일부가 되어야 하는 이유다. 욕망혁명이나 의식혁명이 필요하다고 해서 그런 일이 순수하게 개인적인 차원이나 의식적인 차원에서 이루어질 수 있다고 보는 것은 순진하고 어설픈 생각이다. 내가 아는 한, 대부분의 철학자들은 그런 생각을 하지 않는다.

철학적 논의들이 언뜻 비현실적으로 보이는 이유는, 사태를 근본적으로 파헤쳐 숨어 있는 가능성들을 끝까지 사유해보려 하기 때문이다. 그렇기에 그 사유 결과는 현실을 새롭게 조망하고 바꾸는 데 도움을 줄 수 있다. 형이상학은 현실과 무관한 것이 아니다. 그것은 현실을 비추는 심원한 거울이다. 레비나스가 말하는 형이상학적 욕망은 세상에 대한 초월적 무관심이 아니라, 이해관계에 찌든 욕망을 넘어서는 '탈이해관계'désintéressement로서의 '무관심하지 않음' non-indifférence이다.

상품경제가 부추기는 결핍-충족의 구도에 따른 욕망으로부터, 그것이 응축되고 보편화된 돈에 대한 욕망으로부터 해방되어 각자가 진정으로 원하는 바를 추구할 수 있는 사회에 다가가는 일은 욕망의 혁명이라는 말에 값한다. 그러나 레비나스의 시각에서 보면, 이것도 근본적인 것은 못 된다. 자기 확장과 자기 위주의 삶에 머물러 있기 때문이다. 레비나스는 여기서 한 단계 더 나아가기를 촉구한다. 우리가 알고 가진 것이 그 바깥의 무한과 닿아 있음을 깨닫고 그 "타자성과 외재성에 귀를 기울이는 욕망"이 필요하다. 이것이 진정한par excellence 욕망의 혁명이다.

　　나는 이런 형이상학적 욕망에 대한 주장이 우리가 욕망의 문제를 더 깊이 있게, 그리고 더 비판적으로 바라볼 수 있도록 해준다고 생각한다. 물론 우리가 언제나 형이상학적 욕망을 품고 언제나 타자에 귀 기울이며 살아가기는 어렵다. 하지만 한 차원 높은 곳에서 보면, 낮은 차원의 윤곽과 한계도 더 잘 보이는 법이다. 항상 산꼭대기에서 창공을 우러르며 살지는 못한다 해도, 때로 산등성이에라도 올라 우리의 집터와 살림살이의 모습을 조망할 수 있어야 하지 않겠는가. 레비나스의 철학은 그런 오름의 길로 우리를 이끈다.

타자와 욕망

5장   향유와 노동

I

얼마 전 어느 지구과학자가 생물을 '자기 복제하는 촉매'라고 정의하는 것을 보고 신선한 충격을 받은 적이 있다. 지구를 초점에 두고 생각하면, 생명체란 지구의 대기와 표면을 변화시킨 존재로 여겨질 수 있다는 얘기다.**66** 잘 알려져 있다시피 지구가 오늘날과 같은 모습을 띠게 된 것은, 특히 산소가 풍부한 대기 환경을 갖추게 된 것은, 식물 덕택이다. 풀이나 나무만이 아니라 시아노 박테리아 같은 생명체들이 큰 역할을 했다. 수십억 년에 걸친 생화학 반응이 오늘의 지구를 만든 셈이다. 지구의 입장에서 보면, 과거와 현재 사이의 화학적 변화 과정에서 촉매 역할을 한 것이 생명체라고 할 수 있다.

66 카오스재단 주최 2017년 3월 15일 강연(노정혜, 〈생명체의 탄생〉)의 토론에서 심민석 교수가 한 발언.

그런데 이렇게 지구를 중심 단위로 생각하는 것은 지구가 아니라 지구과학자다. 지구 스스로가 자신을 하나의 단위나 주체로 여길 것 같지는 않다. 그러니 지구를 위주로 생명체의 역할을 규정한다는 것은 지구에 대한 일종의 과잉 친절이고 생명체에 대한 폄하일지 모른다. 하지만 생명체라고 해서 특별 대우를 받을 이유가 있을까? 스스로를 '자기'라고 여기지 못하는 것은 박테리아도 마찬가지다. 제법 복잡한 구조를 가진 생물이라 해도 자신을 다른 것과 구별하는 의식을 갖기는 힘들다. 일정 정도의 항상성을 유지하는 시스템을 갖추고 있다는 점에서라면 지구도 마찬가지가 아닐까?

생명을 어떻게 정의할 것인가는 어려운 문제다. 자기복제가 중요한 특성인 것 같지만, 그렇다면 컴퓨터 바이러스 같은 존재도 생명인가 하는 물음에 답해야 한다. 하긴 오늘날에는 유기물로 구성되지 않은 생명체, 이를테면 실리콘을 신체로 하는 생명체를 상정해보는 것이 그리 낯설지 않게 되었다. 하지만 그 이전에 '자기'라는 문제가 걸린다. 도대체 무엇을 자기라고 할 것인가? 동일성을 유지하는 것이 '자기'라면, 자동차나 냉장고의 자기도 이야기할 수 있는가? 나아가 돌멩이의 자기는 어떤가?

물론, 돌멩이의 자기란 성립하기 어렵다. 사실은, 돌멩이와 돌멩이가 놓인 돌무더기가 딱히 구별되는 것도 아니다. 우리가 떼어내어 움직이기 쉬우니까 그렇게 구별하는 것뿐이다. 왜 돌멩이가 아니라 돌무더기를 한 단위로 보고 그것의 동일성이나 정체성을 이야기해서는 안 되는가? 우리는 때에 따라서는 실제로 그렇게 한다. 돌멩이

타자와 욕망

나 돌무더기의 정체성은 우리와 유관한 그것들의 성질에 따라 우리가 부여하는 것이다. 돌멩이나 돌무더기에게는 스스로를 유지하는 내부가, 내면성이 없다. 관성이 있지 않느냐고? 글쎄, 그것으론 부족하다. 힘의 전달에도 불구하고 거기에 거슬러 유지되는 어떤 시스템이 성립해야 한다.**67**

그런 점에서 보면, 생물체는 반反엔트로피 현상이라 할 만하다. 열역학에서 말하는 무질서의 증가 경향에 반하여 질서를 창출하고 지탱하기 때문이다. 이 같은 사태가 열역학 제2법칙과 어떻게 양립할 수 있을까? 닫힌계에서는 불가능하다. 우주 전체로 보면 엔트로피는 증가할 수밖에 없다. 다만, 열린계에서는 국지적으로 무질서가 감소할 수 있다. "유기체가 상당히 높은 수준의 질서를(즉 상당히 낮은 수준의 엔트로피를) 유지하는 것은 환경으로부터 끊임없이 질서를 빨아들이기 때문이다."**68**

더운 날씨에도 불구하고 냉장고가 일정한 온도로 음식물을 보존할 수 있는 것은 전기가 에너지로 공급되고 내부의 열이 외부로 발산되기에 가능한 일이다. 냉장고 안은 시원하지만, 냉장고가 방출하는 열 때문에 밖의 온도는 오히려 올라간다. 한여름에 너나없이 틀어대는 에어컨 때문에 건물 밖의 거리가 더 더운 것과 마찬가지 이치다. 일정한 온도가 유지되는 건물 안이나 냉장고 안은 조절 시스템 덕에 외부 환경과 구별된다. 물론 이런 시스템은 인공적인 것이고 생명체에

67 스피노자의 '코나투스'는 관성을 개념적으로 확장한 것이라고 할 만하다. 코나투스는 유한한 사물에 해당되는 자기 보존의 경향이니까, 무생물과 생물에 모두 적용된다. 그러나 이것은 역학(力學)이 주도하던 17세기를 배경으로 하는 개념 틀이다.

68 에르빈 슈뢰딩거, 『생명이란 무엇인가』, 전대호 옮김, 궁리, 2007, 124쪽.

비하면 턱없이 단순하다. 그러나 제아무리 복잡한 생명체도 내적 질서를 유지하기 위해서는 밖에서 주어지는 에너지를 소비해야 한다. 이것은 먹이를 먹어야 하는 동물이나 기생생물에만 해당하는 것이 아니다. 스스로 양분을 만들어낸다는 식물도 그러한 생산을 위해서는 외부의 태양 에너지를 필요로 하지 않는가.

내가 이렇게 다소 엉뚱한 얘기로 이 장을 시작하는 이유는 모름지기 생명체란 궁극적으로 자립적일 수 없다는 점을 부각시키기 위해서다. 생명체가 원리적으로 꼭 죽어야 할 필요는 없다. 확실한 재생 능력을 갖춘다면, 늙어서 죽는 일은 넘어설 수 있을지 모른다. 실제로 투리토프시스 누트리쿨라turritopsis nutricula라는 해파리는 어린 개체로 되돌아갈 수 있는 능력을 갖추고 있어 이론적으로 무한히 삶을 반복해서 살아갈 수 있다고 알려져 있다.[69] 물론 이런 재생 능력을 통한 갱생更生은 상대적으로 단순한 생명체에서 그것도 예외적으로 나타난다. 보통의 경우는 번식이 생을 이어가는 효과적인 길이다. 여기저기 부대끼며 살아가느라 낡고 망가진 개체를 끝없이 보수하는 것보다는 새로운 개체들을 만들어내는 편이 여러모로 더 낫기 때문이다.

번식에 관한 논의는 다음 기회로 미루자. 레비나스의『전체성과 무한』에서 그것은 새로움을 성취하는 길로서, '용서'라는 주제와 관련하여 자못 흥미롭게 다루어진다. 당장은 개체의 죽음이라는 것이 생명체에 필수적이 아니라는 점에 주목해보자. 이런 각도에서 보면 생명에

69 http://terms.naver.com/entry.nhn?docId=3409580&cid=58413&categoryId=58413 참조.

　　　　　　　　　　　　　　타자와 욕망

더 본질적인 것은 죽음이라기보다 외부에 대한 의존성이라고 할 수 있다. 나는 이것이 삶을 바라보는 하이데거와 레비나스의 관점 차이로 연결될 수 있다고 생각한다.

주지하다시피 하이데거에서, 특히 『존재와 시간』에서 인간은 무엇보다 '죽음을 향한 존재'로 다루어진다. 반면에 레비나스의 『전체성과 무한』에서 인간은 우선 '향유하는' 자로, 또 타자에 응답하는 자로 등장한다. 레비나스에게 죽음은 하이데거에서처럼 인간 존재의 의미를 본질적으로 규정하는 것이 아니다. 그에게 죽음은 응답 없음을, 또 응답할 수 없음을 가리킨다. 응답함이라는 삶의 관계가 죽음이라는 사태를 규정한다. 그런 점에서 레비나스는 하이데거에 비해 삶을 죽음보다 더 규정적인 위치에 놓고 있다고 할 수 있다. 하이데거는 죽음을 '불가능성의 가능성'이라고 말하는 반면에, 레비나스는 이를 뒤집어 '가능성의 불가능성'이라고 형용한다.**70** 이 차이는 곰곰이 음미해볼 만하다.

얼핏 생각하면, 주체의 처지에서는 도저히 경험할 수 없는 죽음**71**을 일단 불가능성으로 놓고 그것이 객관적 사태로서 가능한 지평을 상정해보는 것이 설득력 있는 견지인 것 같다. 하지만 이 '불가능성의 가능성'이라는 표현에서 먼저 다가오는 것은 죽음의 압박이고 위협이다. 죽음을 배경으로 삶의 유한하고 본질적인 의미가 고스란히 드러날 수 있다고는 하지만, 과연 그렇게 죽음을 항상 의식하고 염려하며 살아가

70 에마뉘엘 레비나스, 『신, 죽음, 그리고 시간』, 앞의 책, 70쪽 이하, 『전체성과 무한』(불어판) 212쪽 등 참조.

71 우리가 우리 자신의 죽음과 만날 수 없다는 에피쿠로스의 오래된 논변("죽음은 우리에게 아무것도 아니다. 우리가 존재하는 한 죽음은 우리와 함께 있지 않으며, 죽음이 오면 우리는 존재하지 않기 때문이다.")을 생각해보라.

는 것이 우리 삶의 본래적인 모습일까? 오히려 삶을 타자와의 관계가 다양하게 이루어지는 가능성의 지평으로 놓고 그것이 불가능해지는 사태를 죽음이라고 이해하는 것이 생명과 삶의 사태에 잘 들어맞는 시각이 아닐까?

죽음이 심각하고 중요한 사안임은 분명하다. 그러나 우리의 삶과 사유가 죽음에서 출발하는 것은 아니다. 죽음과 삶을 대비시키는 데서 시작하는 철학은 삶이 위태로운 절박한 현실을 반영하는 것일 수 있으나, 자칫 우리를 겁주고 몰아붙여 삶의 테두리를 좁히고 굳게 만들 위험이 있다.**72**

Ⅱ

생명이 물질에서 비롯했다 하더라도 죽음에서 비롯한 것은 아니다. 생명 없는 물질이 곧 죽음이 아닌 것은 죽음이 생명을, 삶을 전제하는 까닭이다. 그러므로 죽음이 생명에 우선한다고 보는 것은 잘못이다. 그것은 빛이 없음을 어둠이라 칭한다고 해서 애당초 어둠이 빛에 우선한다고 말하는 것과 같다. 아예 빛이 생겨나지 않고 그래서 빛의 식별이라는 사태도 성립하지 않은 상황에서 어떻게 어둠을 운위할 수 있겠는가?

이런 점은 레비나스가 말하는 '무한'과 '유한' 사이의 관계에도 적용된다. '무한'은 '유한'의 한계 설정과 더불어 성립하지, 유한과 무관하게 존립하지 않는

72 죽음과 삶을 대비시키다 보면 타자와의 관계가 몰각되기 쉽다. 이것이 레비나스가 죽음을 다룰 때에도 대부분 죽음 그 자체가 아니라 타자의 죽음을 문제 삼는 이유다.

타자와 욕망

다. 레비나스는 유한자인 우리가 '분리된' 존재라고 말하기도 한다. 하지만 이때의 분리를 전체에서 부분을 떼어내는 것처럼 이해하면 곤란하다. 레비나스에 따르면, '전체'란 유한의 일종이기 때문이다. 생각해보라. 모두 또는 전부를 거론한다는 것은 이미 어떤 양量을, 따라서 어떤 끝 또는 한계fini를 전제하는 것이 아닌가.

이렇게 말하는 것은 인식의 차원을 존재의 차원과 혼동하는 것이라는 지적이 나올 만하다. 비록 빛이 있고 나서야 어둠을 알게 된다 하더라도, 그렇게 성립하는 인식과 개념을 그 이전의 사태를 가리키기 위해 사용할 수도 있지 않은가. 내가 존재해야 이 세계에 대한 나의 인식이 성립한다고 해서, 나의 존재 이전에는 이 세계가 존재하지 않았다고 할 수는 없는 노릇이다. 무한이라는 개념은 한계에 대한 인식과 함께 등장한다고 하더라도 그 개념으로 지칭할 수 있는 사태는 그것 이전에 이미 존재할 수 있지 않은가.

하지만 그와 같은 개념 사용이 혹 "그러니까 너 이번에는 거짓말을 하는 게 아니라는 거지?"라는 식의 물음과 유사한 것은 아닌지 따져봐야 한다. 이 질문은 상대방이 이제까지 거짓말을 해왔다고 전제하고 있어서, 여기에 긍정적으로건 부정적으로건 답하는 순간 그 사람은 거짓말쟁이임을 인정하는 꼴이 되어버린다. 빛 이전에 어둠이 있지 않았느냐고 말하는 것은, 빛과 빛의 부재인 어둠으로 빛 이전의 사태를 재단해버린다. 그러나 세상이 빛과 어둠으로 규정될 수 있다는 생각은 빛과 어둠의 대비를 통해 세상을 바라보는 관점에서 나오는 것일 따름이다. 빛을 광자光子라는 '물리적 실체'를 통해 파악한다고 해도 사정은 크게 달라지지 않는다. 광자 이전의 세상을 광자와 광자-없음이라는 규정만으로 파악한다고 할 때, 그것이 제대로 된 이해라는 보장은 어디에 있는가? 삶과 죽음, 유한과 무한의 개념 쌍이 작용하는 방식 역시 우리의 세계 이해에 이미 큰 영향을 미치지 않을 수 없다.

이처럼 존재와 인식의 관계는 간단치가 않다. 무엇이 존재하는지를 파악하는 것이 인식이라면, 그 인식을 가능케 하는 것은 존재다. 이 존재가 어떤 것인지를 정리하여 내세우는 것이 존재론일 텐데, 그것 자체가 앎의 일종이며, 이런 앎이 어떻게 이루어지는지를 밝히는 것이 인식론이다. 사정이 이렇다 보니, 우리는 보통 인식과 존재에 관한 생각들을 함께 엮어 세상을 살아가는 지적 활동의 일환으로 삼는다. 그런데 레비나스에 따르면, 이런 활동보다 더 근본적이고 그에 앞서는 것이 있는데, 그것이 타자와의 관계다.

하지만 타자와의 관계가 성립하려면 우선 내가 있어야 하지 않는가? 언뜻 생각하면 당연한 말 같지만, 꼭 그렇지만은 않다. 타자와의 관계를 통하여 비로소 내가 성립한다고도 할 수 있기 때문이다. 여기서 '나'란 무엇을 뜻하는가도 문젯거리다. 의식적인 나인가, 의식 이전의 자기인가? 만일 전자라면, 나는 타자와의 관계를 통해 성립한다고 하는 편이 옳을 것이다. 의식은 자기의 특성을 가진 동일자가 타자와 관계하는 가운데 생겨나는 것이라고 볼 수 있기 때문이다. 사실, 타자와 쌍 개념을 이루는 것은 '나'라기보다는 동일자다.

동일자와 타자는 함께 성립한다. 그렇지만 동일자는 유한하고 타자는 무한하다. 같음은 어떤 테두리를 가지는 반면에, 다름은 그 테두리를 넘어서기에 그렇다고 생각하면 납득하기 쉬울 것이다. 타자(다른 자)라 하더라도 그것이 어떤 것인지가 규정되면 바로 동일자(같은 자)가 되어버린다. 정체성의 테두리를 갖는 유한한 것으로 취급되는 까닭이다. 그 유한한 것이 스스로 테두리를 유지하면, 즉 일정한 정체성을 지탱하는 시스템을 갖추면, 그것은 '자기'라고 일컬을 만한 것이 된다. 레비나스의 표현대로 하면, 내면성을 갖춘 유한자의 '분리'가 마련되는 것이다.

이 분리된 존재는 스스로를 유지하지만 자기 완결적이지는 않다. 내부는 외부를 전제하고 필요로 한다. 외부는 때로 내부를 위협하기도 하지만, 내부가 유지될 수 있는 재료와 에너지를 준다. 그러니까 분리된 존재란 우선은 생명을 가리키는 말이라고 이해해도 좋다. 우리는 레비나스가 생명을 분리된 존재로 파악함으로써 생명체로서의 우리의 삶에서 외부와의 관계, 곧 타자와의 관계를 부각시키려 했다고 생각할 수 있다. 분리란 자기의 상대적 자립성과 아울러 그 근원적 비자립성을 함축하는 용어다.

원래 『전체성과 무한』에서 레비나스는 분리séparation를 분유participation와 대비하여 사용한다. 분유란 불완전하고 상대적인 것이 완전하고 절대적인 것의 한 부분에 관여함을 뜻한다. 전자는 후자에 참여하고 후자를 닮는다. 이 개념은, 변화하는 현상이 불변하는 이데아를 분유한다든가, 유한하고 불완전한 인간이 신의 무한한 완전성을 분유한다든가 하는 방식으로 쓰인다. 따라서 분유 관계에서는 유한자의 적극성이나 능동성을 강조하기 어렵다. 반면에 분리에서는 유한자의 독립적이고 자기중심적인 면이 두드러진다. 분리된 존재는 절대자에 종속되는 처지에 머물지 않고 적극적으로 자신을 내세운다. 분유에서 분리로의 개념 이동은 절대자나 신으로부터 유한한 인간으로 사유의 초점이 옮겨 가는 사태를 반영한다고 할 수 있다.

그러나 다른 한편, 분리는 분리된 존재의 태생적 한계와 불완전성을 드러낸다. 무릇 생명체란 자기를 유지하려 하고 그런 면에서 자기중심성을 띤다. 그렇다 하더라도, 생명은 자신의 외부와 관계함을 통해서만 존립할 수 있다. 이 점을 슈뢰딩거처럼 열역학의 법칙과 관련해 설명할 수도 있겠지만, 레비나스는 분리를 통한 유한자의 성립 자체가 그러한 의존성과 타자에 대한 욕망을 함축한다고 본다. 그런데 인간은, 특히 근대 이후의 인간 문명은, 자기중심성을 확장하고 강화해나가면서 이 외부에 대한 의존성을 가리고 망각해왔다. 레비나스는 우리가 분리된 존재라는 점을 거듭 언명함으로써 우리의 본래적 의존성을 환기하고자 하는 셈이다.

나는 분리 개념의 이와 같은 양면성이 레비나스 철학의 기본 특징과 맞닿아 있다고 생각한다. 삶의 자기중심성에 대한 확인과 그 극복 가능성의 모색 — 지금의 논의 맥락에서 그 특징은 아마 이렇게 요약될 수 있을 것이다.

　　　　　　　　　　　　　　　　　　　타자와 욕망

Ⅲ

"우리는 '맛좋은 수프'와 공기와 빛과 풍경과 노동과 생각과 잠 등등 으로 산다."(82쪽) 레비나스가 묘사하는 삶의 원래 모습이다. 우리는 '~으로 사는데', 이것이 곧 향유다. 레비나스는 하이데거처럼 죽음 과의 대비로부터 삶을 조망하는 것이 아니라, 향유로부터 삶에 관한 논의를 시작한다. 향유享有란 'jouissance'를 번역한 말인데, '즐김'이 라고 옮겨도 좋을 듯싶다. 레비나스적 시각에서 볼 때, 삶의 원초적 국면은 향유 또는 즐김이다.

그런데 향유나 즐김이라고 해서 꼭 긍정적인 면만 지니는 것은 아니다.[73] 물론 즐김에는 즐거움이나 쾌락이 따른다. 또는 즐거움이 나 쾌락이 즐김을 이끈다. 즐거움과 결합된 즐김은 곧 만족이고 행 복이라 할 수 있다. 우리는 즐김 가운데서 행복을 맛본다. 비록 그 행 복이 우리가 원하는 만큼 오래 지속되는 경우가 많지는 않지만. 사 실, 행복이나 만족은 영속적이지 않기에 유의미한 것일 수 있다. 우 리는 목적과 수단으로 잘 짜 맞추어진 완벽한 체계 속에서 살아가는 것이 아니다. 그런 체계 속에서라면 즐거움도 쾌감도 필요 없을 것 이고 즐김도 성립하지 않을 것이다. 정확하게 한정된 조건하에서 일 정하게 주어진 작업만을 해내는 기계적 시스템을 생 각해보라. 거기에 군이 쾌감이, 또 즐김이 있어야 할 이유가 무엇이겠는가.

즐김에는 즐거움이나 쾌감뿐 아니라 괴로움이나

73 이하 내용 중의 일부 는 졸고, 「향유와 노동 ─ 여 가 문제에 대한 레비나스적 성찰」(『시대와 철학』 2014 년 가을호)과 겹친다.

고통이 수반되기도 한다. 즐거움과 괴로움, 쾌감과 고통이 순수한 상태로 머물거나 분명한 경계로 구별되지 않고 서로 뒤섞이는 때도 드물지 않다. 우리는 이런 혼합 또는 복합의 와중에서 유동적으로 또 우연적이고 단속적으로 만족이나 행복에 이른다. 만족과 행복은 우리가 느끼는 것이지만, 우리 마음대로 주어지지 않는다. ~으로 사는 삶인 향유는 ~와 관계하며 그 요소들에 의존하는데, 이 요소들은 우리에 의해 완전히 장악되어 있지 않다.

레비나스에 따르면, ~을 먹는 것이 이 향유의 기본 형태다. 먹어서 영양을 취하는 것, 이것은 나를 위한 관계이지만, 또한 내가 아닌 다른 것과의 관계다. 음식물을 먹음으로써 나는 그것을 내가 아닌 것에서 나로 바꾼다. 이를테면 '타자의 자기화'를 이루는 것이다. 나는 음식물을 물어뜯어 씹고 분해한다. 그렇게 해서 나는 허기를 채우고 내 몸에 영양을 공급하며 만족을 느낀다. 우리는 음식물을 즐기고 먹는 것을 즐긴다. 우리는 우리가 먹는 것으로 산다. 이런 점에서 보면 향유는 분명히 자기중심적 삶의 모습이다.[74]

그러나 다른 한편, 우리는 우리가 먹는 것에 의존한다. ~을 먹음에는 완성도 끝도 없다. 음식물의 섭취를 통한 음식물의 자기화는 우리를 음식물에서 독립시켜주지 않는다. 우리는 모든 것을 먹어치울 수 없다. 음식물인 세계의 요소는 우리보다 크고 우리보다 오래 지속된다. 우리가 호흡하는 공기와 우리에게 내리쬐는 햇볕 또한 마찬가지다. 우리가 향유하는 것은

74 레비나스는 후기의 대표적 저작인 『존재와 달리 또는 존재성을 넘어』에서는 향유를 '~을 물어뜯음'의 자기중심성으로 묘사하고 이를 '타자를 위함'의 감성과 대비시킨다. Emmanuel Lévinas, *Autrement qu'être ou au-delà de l'essence*, Martinus Nijhoff, 1974, 91쪽 이하 참조.

타자와 욕망

우리의 향유에도 불구하고 늘 우리 밖에 있는 것들이며, 우리는 그 요소들 속에서 살아갈 따름이다. 그래서 레비나스는 향유의 관계를 세계의 요소 속에 잠긴다고 표현한다(104쪽).

우리가 즐기는 것들은 우리 삶의 조건을 이룬다. 이 조건이라는 말은 음식물이나 햇볕, 바람 따위뿐 아니라 잠이나 노동, 생각 등으로 즐김의 폭을 확장해볼 때 더 적합한 규정이라고 할 수 있다. 물론 생각이나 노동 같은 활동은 음식물이나 다른 자연적 요소에 비해 이차적인 즐김의 대상이다. 그러나 우리는 그런 활동으로 산다. 그런 활동은 우리 삶의 조건이 되며 우리를 조건 짓는다. 그런 활동들에도 즐거움이나 괴로움이 따르며, 그런 활동을 통해 우리는 만족을 느낀다.

중요한 것은 즐김이 나의 '자기'가 성립되고 유지되는 계기라는 점이며, 또 이 계기가 내 뜻만으로는, 더 정확히 말하면 내 자기의 의지만으로는 좌우되지 않는 타자성과 관계한다는 점이다. 요컨대 즐김은 타자적인 것에 대한 자기의 구심적求心的 관계에서 비롯하는 것이라 할 수 있다.

그렇다면 노동이나 생각에도 타자성이 있다는 말인가? 물론이다. 다만, 그 타자성은 매개된 것이라는 점에서 직접적인 타자성과 다르다. 노동이나 생각이 즐김의 대상이 될 수 있는 것은 그것이 타자적인 것을 전유專有하는 데 기여함으로써 우리에게 즐거움을 주기 때문이다. 이때의 타자성은 자기 활동의 매개를 거쳐 순화된 것이어서 그 즐거움의 강도나 심도가 약해질 소지가 있기는 하다. 즐거움은 단순한 체계내적 적합성만으로 주어지지 않는다. 항상적인 충족이 아닌 충족, 때로 운 좋게 주어지는 충족이야말로 즐거움의 원천이다. 물론 우리의 자연적 됨됨이와 결부된 적합성은 우연적 환경에서 오랜 세월 동안 단련되면서 정착된 것이므로, 이 우연성이 제거된다고 해서 그 적합성에 따른 즐거움이 곧 사라지지는 않는다. 그러나 폐쇄적 체계에 갇힌 충족은 즐거움과 즐김의 생생함과 긴장감을 앗아가 버리기 쉽다.

타자성과 결부된 즐김일수록 더 즐겁게 느껴지는 경우가 많다는 점은 쉽게 확인할 수 있다. 건물이나 칸막이로 안온하게 보호된 곳에서 느끼는 쾌적함보다는, 자연 속에서 느끼는 즐거움이, 그러니까, 우리가 제어할 수 없는 개방성에도 불구하고 우리에게 적합한 것으로 다가오는 환경 속에서 느끼는 즐거움이 더욱 크지 않은가. 사람 사이의 관계에서도 그렇다. 언제나 내 뜻에 복종하게끔 짜인 인간관계 속에서 느낄 수 있는 즐거움은 제한적이고 부분적인 것에 그친다. 나와 다르고 그래서 나와 어긋날 수 있는 타인이 나와 잘 어우러질 때, 우리는 진정 즐거워하지 않는가. 또 그 어울림이 내 노력을 통해, 그러나 나의 제어 범위를 넘어서 이루어질 때 그 즐거움은 한층 커지고 강렬해지지 않는가.[75]

재미의 문제도 이와 관련해서 생각해볼 수 있을 것 같다. 나는 예전에 한 심리학 교수로부터, 재미란 자신이 애써서 작은 목표들을 이루어나갈 때 주어진

75 이런 즐거움의 예로 성적인 즐거움, 성적 향락을 들 수 있다. 라캉은 이 향락(jouissance, 이것은 지금 우리가 향유 또는 즐거움이라고 옮겨 쓰고 있는 같은 단어다. 하지만 라캉에서는 성적인 함의가 강한 만큼 '향락'이라는 번역이 더 적합해 보인다.)의 타자성을 실재계로까지 연결시킨다. 그에게서도 jouissance는 주체의 제어 범위를 벗어난 곳에서 성립한다.

다는 얘기를 들은 적이 있다. 여기서 관건은 애씀과 이룸의 관계다. 게임을 예로 들면, 아무리 노력해도 레벨을 올리기 어렵거나 너무 손쉽게 레벨이 올라가는 게임에서는 재미를 느끼기 힘들다. 내 뜻대로 되는 것만이 아니라 내 뜻을 가로막는 장애도 재미가 성립하는 요건이다. 향유와 비슷한 면모다.**76** 다만, 즐김이나 향유의 경우, 적용되는 사태의 바탕이 재미의 경우보다 더 넓고 타자성의 비중도 더 크지 않나 여겨진다.

레비나스적 시각에서 볼 때, 향유는 분리된 존재의 원초적이고 자기중심적인 삶의 사태다. 자기중심적이긴 하나 고립적일 순 없다. 즐김은 타자성에 바탕을 두고 성립하는 구심적 관계다. 이와 대비해서 생각하면, 지난번에 다룬 형이상학 욕망 또는 윤리는 타자와 맺는 원심적遠心的 관계라고 할 수 있다.

Ⅳ

즐김은 타자적인 것과 관계한다. 그러나 이 타자적인 것은 언제든 내게 적합하지 않은 것으로 바뀔 수 있다. 이를 적합한 상태로 붙잡아두려는 노력이 인위적인 세계를 만든다. 자연 속에서는 내 입에 맞는 음식이 내일도 있으리라는 보장이 없다. 따뜻하고 포근한 날씨는 언제든 험한 폭풍우로 변해 우리를 곤경에 빠뜨릴 수 있고, 평온해 보이던 초원에서는 맹수나 뱀, 독충 따위가 우리를 위협하기

76 재미라는 말의 어원이 맛이 불어난다는 뜻의 '자미'(滋味)라고 하니, 향유의 기본 형태를 ~을 먹는 것으로 보는 레비나스의 견해와 연결지어볼 수도 있겠다.

도 한다. 그래서 우리는 집을 짓고 울타리를 치며 그 안에 식량을 저장한다. 이렇게 우리는 인위의 세계를, 인위의 환경을 만든다.

이런 인위화는 물질적인 것에 그치지 않는다. 우리에게 친숙한 세계를 구축하는 방편으로 우리는 관념을 통해 재현의 질서를 마련한다. 그것은 정보를 저장하고 기억해내며 비교하여 동일성을 확보하는 효율적인 장치다. 그럼으로써 이제 동일자 위주의 세계가 등장한다. 워낙 동일자란 재현 가능한 것, 재현을 통해서만 성립될 수 있는 것이 아닌가.

일이나 노동은 이렇게 재현적 질서 가운데 자리 잡는다. 그것은 경계를 만드는 활동이고 또 그렇게 형성된 경계 안에서 출발한다. 일단 집이 지어지고 나면 우리는 집에서부터 세계를 바라보며, 집에서 출발하여 세계로 나아간다. 재현의 관념적 질서가 형성된 뒤에는 우리의 사고와 인식이 이 질서를 통과하여 이루어진다. 우리가 이해 가능하다고 하는 것들은 대부분 이 재현의 질서 속에서 다루어지는 것들이다. 재현에서 출발할 때 타자는 동일자에 의해 규정된다. 다른 것, 낯선 것은 우리에게 이미 익숙한 것을 통해 걸러지고 틀 지어진다. 노동과 재현적 사유는 이와 같이 동일자 우위의 세계를 확립한다. 좋건 싫건 우리는 이미 이러한 세계 속에 몸담고 있다.

이렇게 되면, 즐김에서 타자적인 것과의 관계는 위축되고 희석되어버리기 쉽다. 노동의 즐김, 사유의 즐김을 여전히 거론할 수 있다 해도, 그것은 재현된 것, 주어진 목적에 의해 제약된 것 속에서 이루어지는 자기화 작용의 일환이 되어버린다. 그럴 때 그 즐김은 사

타자와 욕망

실상 즐김이 아닌 것으로 바뀐다. 이렇게 위축된 형태로 나타나는 즐김 아닌 즐김이 바로 소비라고 할 수 있다. 이것은 타자적인 것이 극도로 배제된 자기화의 모습이다.

소비의 즐거움이란 우선, 소유된 것, 자기에게 장악된 것을 통한 즐거움일 따름이다. 결국 폐쇄적 자기관계에서 오는 그 즐거움은 곧 즐거움이 아닌 것으로 전화하고 만다. 소비가 조만간 과시의 방향으로 치닫게 되는 것도, 왜곡된 방식으로나마 이런 자기관계의 폐쇄성에서 벗어나지 않으면 더 이상 어떤 즐거움도 가능하지 않기 때문이다. 레비나스가 말하는 향유에 우리가 주목하는 이유는, 무엇보다도 그 향유가 이처럼 재현, 소유, 소비 등에 찌든 삶과 대비된다는 데 있다. 그것은 이미 그렇게 구성된 삶 바깥을 지시한다.

적어도 근대 이후 우리는 우리가 사는 세계가 우리에 의해 만들어지고 구성되는 면이 강하다는 점을 인식하고 있다. 하지만 주체 또는 주관에 의한 이런 구성의 중요성을 받아들인다 하더라도, 또한 부인하기 어려운 점은 그렇게 구성되는 것이 언제나 우리의 구성함을 벗어나는 잉여를 지닌다는 사실이다. 다시 말해, 우리의 능동적 행위와 그로 인해 형성된 인위적 양상은 항상 한계를 갖기 마련이다. 현상학적 견지에서 출발하여 자아를 모든 현상의 절대적 시작으로 놓을 때조차 그렇다. 우리는 우리가 관여하는 세계를 완전히 장악하지도 없애지도 못한다. 먹는다는 원초적인 행위가 그 점을 잘 보여준다. 나는 음식을 이렇게 저렇게 규정하고 이해할 수 있다. 그러나 음식을 먹는다는 행위 자체는 그 규정이나 이해 이상이다. 거듭 되풀이하는 말이지만 향유란 내가 이렇게 타자적인 것으로 남는 것과 맺는 자기중심적 관계다. 향유는 결코 일방적으로는 성립할 수 없을 뿐 아니라, 내가 이해하거나 소유하는 재현의 틀에 의해 가두어지지 않는다.

하지만 그렇다면 재현이나 노동 같은 인위의 틀에서 벗어나 진정한 즐김을 누리기 위해서는 우리는 계속 무언가를 물어뜯고 있어야 하는 것일까? 아니면, 멋진 해변에서 바닷물에 몸을 담그거나 시원한 바람을 맞으면서 끝없이 열린 자연과 유한한 내가 이렇듯 쾌적하게 어울리고 있다는 우연을 계속 기꺼워하고 있어야 할까? 레비나스가 말하는 향유의 의미를 이렇게 제한적이고 퇴행적으로 받아들일 사람은 아마 없을 것이다. 향유는 우리 삶의 중요하고 원초적 국면이지만, 그 순수한 형태로는 동물적이고 불안정한 상태다.**77**

그러나 우리에게 주어지는 선택지는 재현적 의식의 폐쇄적인 전체성이냐 불안정하고 동물적인 향유냐의 배타적인 두 가지만 있는 것이 아니다. 우리가 울타리를 두르고 노동을 하고 집을 짓는 것은 우리 삶을 안정적으로 유지하고 관리해가는 지평을 열어주는 것이기도 하다.**78** 그 바탕 위에서도 폐쇄의 틀에 갇히지만 않는다면 긍정적 의미의 향유는 동물적이지 않은 방식으로 가능할 것이다. 요컨대, 향유의 발

77 『전체성과 무한』 123쪽 참조. 한편, 현재의 우리 논의와 직접 관련은 없는 사안이지만, 이렇게 동물과 인간을 구분 짓는 것 자체의 자의성과 폭력성을 문제 삼을 수도 있을 것이다. 예를 들어, 데리다가 이런 견지에서 비판하는 철학자의 대열 중에는 레비나스도 한 자리를 차지한다. Jacques Derrida, *L'animal que donc je suis*, Galilée, 2006, 특히 146쪽 이하 참조.

78 이 지평은 또한 의식과 시간이 작동하는 지평이다. 레비나스에게서 "의식을 갖는다는 것은 다름 아닌 시간을 갖는다는 것이다."(『전체성과 무한』 140쪽) 즉, 의식이란 아직 다가오지 않은 위험에 대처하기 위해 우리가 유일하게 체험하는 것인 현재를 아직 완수되지 않은 것으로 취급하는 데서 비롯한다. 이런 점에서 보면 시간의 지평은 미래로부터 시작된다고 할 수 있다.

타자와 욕망

전적 방향은 개방성과 안정성의 결합에 있다고 할 만하다.

취미가 무엇이냐고 요즘 누가 물어보면 나는 반쯤 농담 삼아 하늘을 바라보는 것이라고 말한다. 미세먼지 농도에 관심이 있어서냐고? 글쎄, 근래에는 그 점도 신경이 쓰이긴 한다. 하지만 다행히도 내가 대부분의 시간을 보내는 금정산 기슭은 그래도 공기가 좋은 편이다. 산책하면서 나뭇가지들 사이로 올려다보는 하늘의 모습은 무척 다양하다. 그때그때의 색깔, 구름의 모양, 햇살의 세기가 늘 다른 분위기를 만들어낸다. 도시의 대학 캠퍼스라는 울타리 안으로 그 바깥이 언제나 들어와 있다. 그런데 이 바깥과 맺는 즐김의 통로를 미세먼지 따위로 가리는 잘못을 저지르고 있는 것이 현재의 문명, 재현과 만듦의 문명이다.

물론 누구도 일부러 미세먼지를 만들어내려 하지는 않았을 것이다. 하지만 이렇게 의도치 않은 산물이 생겨난다는 사실 자체가 인위의 작용이 빚어내는 문제점을 보여준다. 이것은 동일자 지향의 문명이 낳는 틈이고 한계다. 레비나스적 견지에서 볼 때, 어떤 이상적 전체성을 구축하려는 시도도 실패할 수밖에 없다. 그것은 마치 외부로부터 독립된 완벽한 집을 지으려 하는 것과 마찬가지다. 제아무리 온갖 것을 갖추어놓아도 바깥과 단절한 내부를 장기적으로 유지할 방도는 없다. 더욱이 내 집의 편리함이나 화려함에만 관심을 쏟고 외부와의 관계를 제대로 고려하지 않으면, 집 바깥에 오염된 테두리를 다시 두르게 된다. 레비나스에게서 삶은 타자와 맺는 관계다. 진정한 인간적 삶의 형태는 윤리지만, 원초적 삶의 모습은 향유다. 자기가 아닌 것을 자기로 끌어들이는 자기중심적 관계다. 그러나 오늘날 우리가 직면하고 있는 숱한 문제를 낳은 것은 향유 자체라기보다는 우리의 삶에서 아예 타자성을 없애거나 무시하려는 전체성 지향의 시도와 자세들이다. 경제는 이런 경향이 담겨 있는 주된 영역 가운데 하나다.

V

경제가 나쁜 것이라는 말은 아니다. 그렇기야 하겠는가. 오히려 향유의 직접성이 지니는 불확실함을 극복할 수 있게 해주는 것이 경제다. 영화 〈웰컴투 동막골〉에서 동막골의 촌장이 말하는 대로 '잘 먹이는 것', 그것이 경세제민經世濟民, 곧 경제의 출발점이라는 점에 이의가 없다. 레비나스에서도 경제는 집을 짓고 거기에 먹을 것을 거둬들여 쟁이는 데서 비롯한다. 미래를 대비하여 당장의 향유를 미루고 재산을 이루는 것, 이렇게 시작되는 가정의 살림살이가 경제 economy;οἰκονόμος의 원형이다.

　문제는 이러한 거둬들임recueil이 집의 또 한 가지 중요한 특성인 맞아들임accueil을 배제하거나 압도하게 되는 데 있다. 집을 마련하고 거기에 자리를 잡으면 우리는 그곳을 배타적인 영토로 삼아 주인 노릇을 시작한다. 하지만 레비나스에 따르면, 그 자리는 세상의 거칢으로부터 나를 보호해주는 곳이며 내가 맞아들여진 곳이다. 또한 그렇기에 우리가 타인을 맞아들여야 하는 곳이기도 하다. 이런 맞아들임

　　　　　　　　　　　　　　타자와 욕망

이야말로, 데리다가 레비나스로부터 끌어내어 주요한 개념으로 발전시키는 '환대'의 바탕이다.

거둬들임이 사물에 대한 관계라면 맞아들임은 인격에 대한 관계다.[79] 그렇다면 나를 내 집에 맞아들이는 자는 누구인가? 레비나스는 이를 여성이라고 말한다. 실제의 여성을 가리키는 것이 아니라 나를 수용하고 품어주는 면모가 여성성이라고 한다. 하지만 여기에는 논란의 소지가 있음을 부정할 수 없다.[80] 성적 차이에 대한 편견을 고착시킬 위험을 무릅쓰고 구태여 이런 표현을 고집할 이유는 없을 것이다. 그것보다 우리가 주목해야 할 것은, 집의 수용성을 타자성과 연결시키는 레비나스의 발상이다. 나의 유한함을 넘어서는 타자성의 면모는 향유의 요소에뿐 아니라 거주와 경제의 영역에까지 배어 들어와 있다.

우리가 세상에 태어나 살아감 자체가 이미 우리가 세상에 맞아들여졌음을 뜻한다고 할 수 있다. 이 세상에 우리의 자리가 미리 마련되어 있었다고 믿기는 어렵다. 우리의 생존이 지난한 진화 과정의 결과라고 해도, 그 나름의 고투가 받아들여지지 않았다면 우리의 자리는 주어지지 않았을 것이다. 이런 점에서 보면 우리의 신체는 생태적 환경 속에 지어진 생물학적 집이고, 우리의 집은 자연과 사회를 아우르는 복합적 환경 가운데 자리 잡은 연장된 신체라고 할 만하다.

[79] 여기서 인격(person)을 사람을 가리키는 것으로만 이해할 필요는 없다. 존중을 받는 개별자는 모두 인격에 해당한다.

[80] 레비나스의 말을 직접 인용해보면 이렇다. "소유를 정초하는 집은, 집이 거둬들이고 보관할 수 있는 이동 가능한 것들과 동일한 의미에서의 소유물은 아니다. 집이 소유되는 것은, 집이 이미 그 소유자를 환대하기 때문이다. 이것이 우리를 집의 본질적 내면성으로, 모든 정주자에 앞서 그 집에 정주하는 정주자로, 진정한 맞아들이는 자로, 맞아들이는 자 그 자체로, 즉 여성적 존재로 돌려보낸다. 여기서의 관건은 모든 집이 실제로 여성을 전제한다는 경험적 진리 또는 반(反)-진리를 비웃음에 맞서 주장하는 일이 전혀 아니라는 점을 굳이 덧붙일 필요가 있을까? [...] 이 여성성의 차원은 거주의 맞아들임 자체인 것이다."(131쪽)

어느 경우건 환경이 허락하지 않으면, 즉 우리가 짓는 울타리 너머의 세상이 맞아들여주지 않으면, 우리의 자리는 유지될 수 없다.**81**

이러한 맞아들여짐은 교환에 의한 것이 아니다. 교환은 양적인 규정, 재현 가능한 사물적 규정에 따른다. 비록 그것이 무형적인 서비스에 해당하는 경우라 해도 그렇다. 레비나스에 의하면, 사물이란 그 자체로 있는 것이 아니라 거둬들여진 것을 일컫는다. 그것은 우리가 포착하고 변형시키고 소유한 대상이다. 그래서 그것은 본래의 맥락에서 추상되어 돈으로 표시될 수 있고 익명적 교환의 장에 들어갈 수 있다. 우리가 보통 이해하는 경제는 이러한 사물들을 매개로 한 관계로, 거둬들임에 의해 형성된 관계로 이루어진다.

물론 거둬들임을 통한 관계라고 해서 매끈하게만 진행되지는 않는다. 거둬들여지고 노동을 통해 변형된 사물들은 자기중심적 영역이 확장되는 데 기여한다. 하지만 그 과정에서 우리가 소외라고 부르는 현상들이 생겨나기 쉽다. 교환을 통해 매개된 사물이 생산자의 의도로부터 멀어져서 그것을 배신하기에 이르는 까닭이다. 마치 대장장이가 만들어 시장에 내놓은 칼이 강도의 손에 들려 대장장이를 위협하는 무기가 되어버리는 꼴이다. 마르크스의 관점에서라면 이 노동 생산물이 결국 자본으로 전화한다는 면에 초점을 맞추겠지만, 레비나스는 이러한 과정이 타인과의 직접적인 관계를 배제한다는 점에 주목한다.

레비나스는 생산물produit이라는 말 대신 작품oeuvre이라는 말을 주로 사용하는데, 그럼으로써 일반

81 그러나 우리가 세상에 대해 맞아들여졌다는 사태와 맞아들임의 인격성을 연결시키는 데는 일종의 비약이 있다.

타자와 욕망

적인 노동 영역뿐 아니라 예술 활동과 같은 보다 폭넓은 영역을 논의에 포함시킨다. 그가 강조하고자 하는 것은 어떤 활동의 결과라 하더라도 사물로 취급받을 위험을 항상 안고 있다는 점이다. 근래에 문제가 되었던 천경자나 이우환 등의 위작 논란을 생각해보라. 작품으로 사물화한 결과에 대해서는 때로 작가 자신도 무력해진다. 사물들의 연결망으로부터 자유롭지 않은 까닭이다. 여기에 얽매이는 것은 작품만 아니다. 레비나스는 타자와 관계하지 않는 활동도 마찬가지라고 본다. 사물의 망에 묶인 활동에는 활동하는 자가 현전하지 못한다.

그렇다면 어떻게 해야 한다는 것인가? 경제적 활동을 접고 사물적 관계를 포기해야 한다는 얘길까? 글쎄, 그럴 리야 있겠는가. 일단은 사물과 경제에 갇히지 않아야 한다는 뜻으로 받아들이는 것이 좋을 것이다. 거둬들임만으로는 자기 확장의 폐쇄성을 넘어설 수 없다. 교환의 공정함과 균형 잡힌 재전유로 소외를 극복하려는 노력도 물론 중요하다. 그러나 맞아들임으로 열려 있지 않은 자기 확장의 경제는 늘 과도한 경쟁과 전쟁의 위험에 맞닿아 있게 된다는 것이 레비나스의 생각이다.

그런데 막상 맞아들임의 자세를 지닌다는 것은 쉽지 않아 보인다. 최근에 더 두드러지는 것은 배타의 경향이다. 요즘은 다음과 같은 탄식이 전혀 낯설지 않게 다가온다.

오늘날 세계의 민심, 특히 소수민족이나 소수파 종교에 대한 세계의 민심은 에마뉘엘 레비나스 같은 철학자에게 소중했던 '환대'라는 가치와는 정반대 방향으로 가고 있는 것이 분명하다. 과연 "타자를 존중하며 윤리적 관계를 맺어야만 나의 유한성을 극복할 수 있다"는 레비나스의 가르침은 오늘 지구촌 어디에서 그 메아리를 들을 수 있을까?**82**

우리가 목도하는 배타성과 경제의 어려움은 무관하지 않다. 나는 경제적 이해관계가 인간의 태도에 지배적 영향을 미친다는 생각에 찬동하는 편이다. 그러나 바로 그렇기 때문에 자기중심적 경제의 영역을 통해서만 배타성의 극복을 기대하는 것은 무망한 일이라고 본다. 오히려 맞아들임의 자세에 대한 레비나스식의 강조가 그때그때의 경제적 조건에서 개방의 가능성을 최대한으로 확보하는 길이라고 생각한다.

우리가 세상에 맞아들여졌으니 우리도 타자를 맞아들이는 것이 마땅하다고 여기는 것이 교환의 발상은 아니다. 주고받는 상대가 다르기 때문이다. 부모에게 받은 사랑을 자식에게 베푸는 것을 교환이라고 할 수 없는 것과 비슷하다. 우리가 받은 만큼 주어야 한다고 생각하는 것도 맞아들임의 자세에 어울리지 않는다. 오히려 중요한 것은 교환 이상의 것을 향해 경제 영역을 열어놓는 일이다. 사회를 맞아들임의 터전으로, 우리가 맞아들여졌으며 또 타자를 맞아들여야

82 홍세화, 「점점 더 위험해지는 세계」, 『작은책』 2017년 4월호, 도서출판 작은책, 126쪽. 이 인용문에서 따옴표 안의 말은 레비나스의 언급을 정확히 옮긴 것은 아니라고 보인다. 레비나스 철학의 목표가 '나의 유한성을 극복'하는 것이라고 하기는 어렵기 때문이다. 우리는 타자를 맞아들이고 타자에 응답함으로써 폐쇄성이나 전체성을 극복하는 것이지, 유한성 자체를 극복하는 것은 아니다. 우리는 무한으로 열린 채 유한자로서 살아갈 따름이다. 아마 홍세화 씨도 그런 의미로 '유한성을 극복'한다고 했을 것이다.

타자와 욕망

하는 집으로 보는 바탕을 마련하는 일이다. 그래야, 이제 중요하게 부각되는 문제들 ― 이를테면, 노인 문제, 외국인 노동자 문제, 기본 소득 문제 등등 ―이 제대로 된 토대 위에서 논의될 수 있을 것이다.

맺는 글

원래 이 책은 『전체성과 무한』의 우리말 번역본이 나온 이후에 출판하는 것으로 계획했다. 그런데 생각 외로 번역본 출간이 늦어졌다. 2015년에는 나오지 않을까 했지만, 출판사 사정으로 미뤄진 데다가 좀 더 낫게 다듬어보겠다는 욕심이 겹쳐 아직 빛을 보지 못했다. 애당초 읽기 쉬운 책은 아니었던 만큼, 번역도 만만치가 않았다. 나름으로 현대 철학에 한 획을 그은 책이니까, 가능한 한 정확하게 옮기는 일이 우선적이라고 생각했다. 그래야 충실한 '읽기와 쓰기'가 가능하지 않겠는가. 물론 이런 변명으로 이 책의 미흡함을 덮을 수 있다고 여기는 것은 아니다.

이 책에 실린 글은 대부분 번역을 다듬는 과정에서 그 어름에 쓴 것들이다. 처음엔 통일된 구도로, 기왕이면 이야기하듯 쉽게 써내려 가보려 했으나, 여러 가지 사정으로 마음먹은 것처럼 진행되질 않았다. 결국 여기서 보듯, 단편적으로 쓴 글들과 중간중간 발표한 글들을 엮어놓은 형태가 되고 말았다. 1장의 주요 부분은 레비나스 철학을 총괄적으로 소개하는 글로 마련해놓았던 글을 활용했고, 2장에는 「윤리와 종말론」이라는 제목으로 『시대와 철학』(2013년 겨울호)에 쓴 내용을 상당 부분 따왔으며, 3장과 4장, 5장은 『오늘의 문예비평』(2016년 겨울호와 2017년 봄호, 2017년 여름호)에 실은 글을 옮겨왔다.

이렇다 보니, 내용상으로도 이 책이 『전체성과 무한』을 충실히 반영하고 있다고 보기는 어렵게 되었다. 특히 『전체성과 무한』의 후반부가 제대로 다뤄지지 않은 점이 마음에 걸린다. 앞으로 기회가 닿는 대로 다른 지면을 통해서라도 보충하도록 노력하겠다. 고전에 대한 '읽기와 쓰기'가 완결될 수 없는 열린 과정이라고 말하는 것이 혹 독자들에 대한 미안함이 아니라 뻔뻔함의 표현으로 들릴까 걱정스럽다. 이런 부족함이 이 글을 쓰는 데 도움을 준 여러 분께 폐가 되지 않기를 바란다. 무엇보다 『전체성과 무한』을 같이 읽고 논의해준 부산대학교의 학생들에게 감사의 인사를 전하고 싶다.

에마뉘엘 레비나스 연보

1906년 출생
1월 12일 리투아니아의 유대인 집안에서 장남으로 태어났다.

1915년 9세
1917년 제1차 세계대전 발발 후 레비나스 가족은 독일군의 침공을 피해 우크라이나로 피난을 떠난다.

1920년 14세
1917년 우크라이나에서 러시아혁명을 목격한 이후 우크라이나를 떠나 리투아니아로 돌아가 유대인 고등학교에 입학한다.

1923년 17세
프랑스 스트라스부르 대학으로 유학을 간다.

1926년 20세
스트라스부르 대학을 다니기 시작한 모리스 블랑쇼와 만난다. 두 사람의 만남은 레비나스 생애에서 가장 중요한 사건들 중 하나였다.

1928년 22세~1929년 23세
독일 프라이부르크 대학으로 가서 후설과 하이데거에게 배운다.

1930년 24세
스트라스부르 대학에서 「후설 현상학에서의 직관 이론(La théorie de l'intuition dans la phénoménologie de Husserl)」으로 박사학위를 받고, 이 논문을 출판한다. 프랑스로 귀화한다.

1934년 28세
「히틀러주의에 대한 몇 가지 고찰(Quelques réflexions sur la philosophie de l'hitlérisme)」을 발표한다. 이 글은 레비나스의 철학적 주제를 이해하는 데 매우 중요한 글이다.

1935년 29세
레비나스의 독창적 사유의 단초를 담은 『탈출에 관하여(De l'évasion)』를 출간한다.

1939년 33세
프랑스 군인으로 제2차 세계대전에 참전한다. 포로가 되어 수용소에서 『존재에서 존재자로(De l'existence à l'existent)』의 원고를 쓰기 시작한다. 레비나스가 수용소 생활을 하는 동안 리투아니아에 있던 그의 가족은 나치에 학살당한다.

1946년 40세
유대인 교사 양성을 위해 설립된 동방 이스라엘 사범학교 교장으로 일하기 시작한다.

1947년 41세
『존재에서 존재자로』와 『시간과 타자(Le temps et l'autre)』를 출간한다. 이 무렵 탈무드 학자 슈카니(Chouchani)를 만나는데 이 만남은 구약성서와 탈무드에 관한 레비나스의 철학적 사유에 큰 영향을 끼친다.

1949년 43세
『후설과 하이데거와 함께 존재를 찾아서(En découvrant l'existence avec Husserl et Heidegger)』를 출간한다. 후설과 하이데거의 철학을 프랑스에 처음 소개한 논문들을 모은 책이다.

1957년 51세
파리에서 유대 지식인들에게 탈무드를 강의하기 시작한다.

1961년 55세
첫 번째 주저라고 할 수 있는, 국가 박사학의 논문 『전체성과 무한(Totalité et infini)』을 출간한다.

1963년 57세
푸아티에 대학에서 철학을 가르치면서 논문집 『어려운 자유(Difficile liberté)』를 출간한다.

　　　　　　　　　　　　　　　　　　　　　타자와 욕망

낭테르 대학의 교수가 되어 철학사를 가르친다.

『다른 사람의 휴머니즘(Humanisme de l'autre homme)』을 출간한다.

소르본 대학의 교수가 된다.

레비나스의 철학을 대표하는 두 번째 주저라고 할 수 있는 『존재와 달리 또는 존재성을 넘어(Autrement qu'être ou au-delà de l'essence)』를 출간한다.

친구 모리스 블랑쇼와의 대담집 『모리스 블랑쇼에 대해서(Sur Maurice Blanchot)』를 출간한다.

『윤리와 무한(Ethique et infini)』을 출간한다.

소르본 대학에서 행한 마지막 학기 강의들을 『신, 죽음, 그리고 시간(Dieu, la mort et le temps)』이라는 책으로 엮어 출간한다.

12월 25일 파리에서 세상을 떠난다.

'우리 시대 고전읽기/질문총서'를 펴내며

오늘날 우리 사회에서 새삼스럽게 화두가 되고 있는 것이 '고전'이다. 왜 고전인가? 미래가 불투명한 현실에서 고전은 하나의 등불처럼 미래의 방향을 비춰주고, 개인의 암울한 장래 앞에서 고전은 한 줄기 빛처럼 세상의 어둠을 밝혀주는 안내자의 역할을 할 수 있을 것으로 여겨지기 때문이다. 어쩌면 고전이 시대의 화두라는 말은 이 시대 자체가 나아가야 할 목표와 좌표를 상실한 암담한 시대라는 사실을 방증하는 것일지 모른다. 죄르지 루카치의 말처럼 현재가 별이 빛나는 창공을 지도 삼아 갈 수 있는 행복한 서사시적 시대라고 한다면, 고전은 존재하지 않아도 무방하리라. 하지만 '고전'은 그런 시대의 행복한 조화가 깨어지고 우리 자신이 시대와 불화하고 서로 어긋나는 소설 시대의 산물에 다름 아니다.

우리는 너무 쉽게 고전을 시대 현실과 동떨어진 대척점에 놓으려는 유혹에 빠지곤 한다. 정말 고전은 우리 현실과 대립하는 위치에 서서 미래를 비춰줄 찬란한 등불과 같은 것인가? 이 질문에 긍정으로 대답하면 우리는 고전을 그것을 산출한 시대적 현실과 연결된 살아 있는 생물체로 보지 못하고 그 현실과 분리된 물신화된 화석으로 간주할 가능성이 다분하다. 언제부터인가 고전은 시간을 뛰어넘는 '모방의 전범'으로, 또 19세기 매슈 아널드가 말한 '세상에서 말해지고 생각된 최고의 것', 즉 교양을 얻을 수 있는 최고의 원천으로 간주되기 시작했다. 나아가서 고전은 '변화와 상대성에 저항하는 보루'로서 시대를 초월하는 인간의 보편적 가치를 담지한 작품으로 정전화되어왔다. 하지만 시대와 장소를 뛰어넘어 통용되는 초월적 '보편성'이란 우리 시대가 필요해서 창안한 관념일 뿐 실제 존재하지 않는다. 고전의 화석화에 저항하는 당대적 현실과, 고전이 정전화될 때 간섭하는 권력의 존재를 감안한다면, 그와 같은 초월적 보편성의 이념은 이데올로기적 허구에 가깝다.

'우리 시대 고전읽기/질문총서'는 이러한 절대적이고 초월적인 보편으로서 고전의 허구성을 비판하기 위해서는 무엇보다 먼저 우리 시대의 문제적 텍스트들을 읽는 연습이 절실하다는 생각에서 기획되었다. 그 문제적 텍스트가 시대적 현실 속에서 살아 움직이는 실체임을 깨닫게 될 때, 즉 그 텍스트들이 당대의 현실에 어떤 질문을 던지고 있는지, 그 질문을 서사적으로 어떻게 풀어나가는지, 그리고 그 질문이 어떻게 새로운 대안으로 연결될 수 있는지 보다 생생하게 읽어내는 방식을 체득하게 될 때, 우리는 현재의 삶이 제기하는 문제들에 보다 적극적으로 대응할 수 있을 것이다. 뿐만 아니라 우리 시대의 고전을 제대로 읽을 수 있을 때 우리는 과거의 고전들에 대해서도 예전과는 전혀 판이한 해석을 할 수 있다. 왜냐하면 이러한 읽기는 고전을 당대의 생생한 현실 속으로 되돌려놓을 수 있을 뿐만 아니라 그 고전을 산출한 과거의 지적 공간을 오늘날의 지적

공간 안에 편입시킴으로써 그 고전을 우리 시대의 고전으로 새롭게 창조할 수 있는 방법을 모색하는 데 큰 도움이 될 것이기 때문이다.

우리 시대의 고전을 읽는 이점은 여기에만 그치지 않는다. 과거의 고전들이 수많은 공간적·장소적·횡단적 차이들에서 벗어나 어떤 목적적 시간성에 의지하고, 나아가 종국에는 시간성 자체를 초월하여 해석되는 경향이 없지 않았다면, 우리 시대의 고전은 철저하게 그 고전을 산출한 시공간의 장소성에서 벗어나서 해석될 수 없음을 깨닫게 해준다. 또한 이러한 장소성에 대한 자각은 고전의 정전화 과정 속에 침투해 있는 다양한 권력과 이데올로기들을 드러내준다. 그중 가장 대표적인 것이 서구중심주의와 그에 기대고 있는 민족주의이다. 서구의 발전을 이상적 준거틀로 삼는 서구중심주의든, 서구에 대항한다는 명목으로 서구적 모델을 자기 내부에서 찾고자 하는 민족주의든 모두 고전을 서구적 모델의 견지에서 인식해왔다. 그 결과 서구의 고전은 이상적 모델로 보편화되었고 비서구나 주변부의 고전들은 서구적 수준에 미달하는 것으로 억압되거나 아예 목록에서 제외되었다. 우리 시대의 고전을 보다 철저히 읽어야 하는 이유는 바로 이런 서구중심주의의 단일보편성을 비판하는 한편 주변부에 다양한 '보편적' 텍스트들이 존재함을 재인식하는 데 있다. 요컨대 '우리 시대 고전읽기/질문총서'는 단일보편성의 상대화와 주변의 다양한 보편들에 대한 인정을 지향한다. 고전을 해당 시대가 제기한 핵심적 질문에 나름의 진단과 대안을 제시하는 중요하고 문제적인 텍스트라고 간단히 규정할 때, 오늘날 비서구와 주변부에서 제기되는 중요한 질문들을 다루는 그런 텍스트들을 발굴하고 견인하는 것은 필연적이다.

결론적으로 말해, 우리 시대의 살아 있는 고전을 읽는 작업은 이중적 과제를 수행한다. 그것은 한편으로는 과거의 고전을 당대와 현재의 생생한 현실 속으로 다시 가져와 그것이 제기하는 질문을 여전히 살아 있는 질문으로 계승함으로써 모든 고전이 결국 우리 시대의 고전임을 깨닫게 하는 것이고, 다른 한편으로는 우리 시대의 고전들이 던지는 질문과 답변들을 꾸준히 우리 자신의 것으로 체화함으로써 우리로 하여금 미래의 고전에 대한 새로운 창안자가 되도록 하는 것이다. '우리 시대 고전읽기/질문총서'는 바로 이런 과제에 기여하는 것을 꿈꾸고자 한다.

부산대학교 인문학연구소